温故·践行
世博会回顾与探索

葛杰　编著

中国建筑工业出版社

图书在版编目（CIP）数据

温故·践行　世博会回顾与探索／葛杰编著.
—北京：中国建筑工业出版社，2019.7
ISBN 978-7-112-23841-5

Ⅰ.① 温… Ⅱ.① 葛… Ⅲ.① 博览会－研究－世界
Ⅳ.① G245

中国版本图书馆CIP数据核字（2019）第113453号

　　本书以世界博览会为研究对象，主要分两个部分，第一部分全面介绍了从1851年第一届世博会到最新一届世博会的主要历史、展览特点、艺术成就，重点从建筑、设计专业叙述了世博会发展过程中的一些主要事件，如巴黎艾菲尔铁塔、纽约自由女神等标志性建筑与世博会息息相关的经历。第二部分是结合作者本人参与世博会经历，针对世博会设计特点，系统梳理了自2000年世博会以来，主要参展并获得奖项的国家馆展示主题、设计手段及技术运用等，同时，结合作者直接参与的荣获世博会奖项的中国馆情况，讲解分析中国馆主题定位、设计特点，力图总结、探索适应世博会发展潮流的，具有中国特点的设计思路，为今后参与世博会设计、管理提供有益的思考。

责任编辑：吕　娜
责任校对：姜小莲

温故·践行　世博会回顾与探索
葛杰　编著
＊
中国建筑工业出版社出版、发行（北京海淀三里河路9号）
各地新华书店、建筑书店经销
北京锋尚制版有限公司制版
北京富诚彩色印刷有限公司印刷
＊
开本：850毫米×1168毫米　1/16　印张：12　字数：210千字
2020年5月第一版　　2020年5月第一次印刷
定价：146.00元
ISBN 978-7-112-23841-5
　　（34116）

2012年丽水世博会，中国馆荣获 A
　　类展馆创意展示设计金奖。

2015年米兰世博会，中国馆荣获
　　大模块展馆建筑铜奖。

2017年阿斯塔纳世博会，中国馆
　　荣获展示设计银奖。

世界博览会、国际奥林匹克运动会和世界杯是世界公认的三大国际盛会。

自1851年世博会首次在伦敦举办以来，已历经160余年历史，它见证了近代人类文明的崛起，促进了世界工业革命的飞速发展，迎来了人类信息时代的到来。历史上，没有哪一个时期具有这样丰富而充满激情的繁荣发展阶段。在这160余年中，尽管人类社会经历了第一次和第二次世界大战，世博事业也出现过曲折，但随着人类社会的进步和文明的发展，人们深刻反省战争带来的灾难，向往安定、美好的和平家园，世博会作为独特交流合作平台，凝聚国际社会力量、促进全球沟通交流合作，为创造人类更加美好的未来发挥应有作用。

回顾世博会历史，人们可以看到，世博会是体现和推动世界经济科技文化发展的推动力。每次举办，世博会都留下了大量宝贵的文化遗产，巴黎的艾菲尔铁塔、布鲁塞尔的原子球、西雅图的太空针馆、上海中华艺术宫等已成为世人耳熟能详的地标和功能建筑，每年吸引着大量的游客。世博会上推出的蒸汽机、电力系统、通信系统、轨道交通、航空航天、信息系统、新能源以及娱乐系统带动了人类经济的发展，提升了生活的便利，拉近了世界的距离，使各国人民共享科技进步带来的美好生活。

世博会烙下了中国印记。中国首次正式参加的世博会是1904年美国圣路易斯世博会，修建了具有浓郁民族风格的中国村和中国馆。在1915年为开通巴拿马运河举办的旧金山世博会上，来自中国的展团一举夺得两千余枚奖章，中国的丝绸、瓷器、桐油、工艺品以及酒类制品令世界惊叹。1982年中国重新回到世博会舞台，在美国诺克斯维尔世博会上，矗立在中国馆门前的"中华人民共和国"七个格外醒目的大字和馆内以长城砖作为核心的展项，吸引了来自美国和世界各地近千万观众纷纷前来参观，为刚刚打开的中美关系大门注入正能量。在展出的185天里，中国馆门前长长的参观队伍始终没有消失，是一道特别靓丽的风景，令人终生难忘。随着中国改革开放和融入经济全球化步伐的加快，中国逐步成为世博会的中坚力量，并取得2010年上海世博会举办权。在党中央、国务院领导下，在全国人民支持下，上海世博会一举创造了多项世博会之最，将世博会推向鼎盛阶段。在2012年、2015年和2017年世博会上，中国馆勇夺世博会展示设计金奖、银奖和建筑设计铜奖。作为中国馆政府总代表/代表，每当接过世博奖杯都百感交集，思绪万千，为之激动、为之自豪。

葛杰同志就读于中央工艺美术学院（现清华大学美术学院），毕业后一直在中国国际贸易促进委员会从事展览和世博会展示设计工作，多次参与重大展示项目，积累了丰富设计经验。作为设计专业人士，他对中国参展世博会情有独钟，刻苦钻研，提出诸多有益建议，有的成为中国馆亮点。自2000年汉诺威世博会以来，他参与了历届世博会中国馆工作，把世界世博会前沿设计与中国传统文化有机结合，使中国馆的建筑设计和展示既不乏传统特色，又有现代气息和趋势方向，对成功展示做出了贡献。

随着中国经济进步和科技发展以及日益融入国际社会，世界对中国参展世博会的要求越来越高。如何全面宣传和展现中国改革开放的成就，如何展示中国人民的精神面貌，如何向世界介绍中国科技进步和产业发展，如何发挥世博会交流合作平台作用，都成为工作人员必须思考研究的课题。中国参与世博的团队包括葛杰同志，结合参博的体会，潜心研究，不断总结经验，以骄人的成绩给出了答案，先后获得世博会展示设计金奖、银奖和建筑设计铜奖，完成了国家交付的任务，向人民交出了满意答卷。葛杰同志功不可没。

世博会成败的重要环节是展示效果，而展示效果的呈现需要主题定位、整体规划以及技术运用等一系列的规划、研究、协调，在实施过程中也有各种各样的流程需要处理，这本书的编写是葛杰同志在实际工作中的体会和总结，凝聚其多年工作的宝贵经验。这本书从历史的脉络出发，着重于世博会规划设计的发展，同时依据葛杰同志自身工作经历，对比、研究了大量优秀展馆在设计体系的思路，并结合中国馆的设计实际进行了详解。这样的研究弥补了筹办世博会体系中的理论研究，具有很好的现实意义和指导意义，为今后世博会筹备工作提供了宝贵的参考素材；同时也使读者对世博会与设计的相互发展及其彼此作用有所了解。

随着2019年北京世园会、2020年迪拜世博会的召开，中国在世博会舞台上的展现将更加自信，更加贴近时代的脚步，"一带一路"和人类命运共同体的倡议将在世博会平台上进一步得到践行。作为世博会的老兵，我祝福世博会，祝福中国参与世博会的成功，祝福这个和平时代让我们分享世界发展的成果，让我们共同迎接世博会的新时代。

——王锦珍

中国国际贸易促进委员会原副会长、国际展览局原中国首席代表

2010年上海世博会组委会委员

2019年北京世园会组委会委员

毕业于中央工艺美术学院（现清华大学美术学院）

中国博物馆协会会员

中国中央政府采购艺术展示类评审专家

意大利中国创新协会（AICI）艺术顾问

哈萨克斯坦中国贸易促进协会（KKAC）艺术顾问

2010年上海世博会中国省区市馆评审专家

2012年韩国丽水世博会中国馆设计、施工总监

2015年米兰世博会中国馆设计、施工总监

2017年阿斯塔纳世博会中国馆规划顾问

2017年阿斯塔纳世博会上合组织馆规划顾问

葛 杰

是世博会带动了设计产业的发展还是设计推动了世博会的繁荣？

2000年，德国汉诺威赢得新千年的世博会举办权，也是我第一次全程参与世博会。世纪更替，时值欧洲经济繁荣昌盛，世界经济均衡发展，发达国家在这届世博会上底气十足，自信满满，争相比拼各自国家的先进理念，展示创新科技。虽然美国没有参加这届世博会，但英国、法国、德国、意大利、荷兰等国力强盛的欧洲国家以及日本、澳大利亚、加拿大等主要经济体大国均以自建馆形式展现国家形象，所建设的科技感十足的展馆和超前的科技应用让我大开眼界，从此开启了我的世博会之路，使我对世博会的策划、设计产生强烈的求知欲望，进而追寻世博会的各方资讯，理解、领悟世界设计潮流和方向，为今后的工作拓展了设计思路。

一晃近二十年的时间过去，随着世界经济的起伏，我见证了2000年之后世博会发展的一段低潮，也亲眼目睹随着2010年上海世博会的成功举办，世博会再度引起世人关注，各国争办世博会的高潮又起，美国也自2001年退出国际展览局后回归到这个大家庭中。

在我看来，世博会这一充分体现参展国综合国力的盛会推动了世界文明的发展，通过艺术家、设计师奇思妙想的展示，展现了人类生活方式和思想理念的进步。追根溯源，这一舞台的历史与发展，从一开始就紧密地与艺术、设计联系在一起，一同发展。探索世博会与设计的相互作用、彼此发展的过程，对理解世博会的独特设计理念，顺应世博会设计发展潮流很有意义，不仅可以提高自身的审美修养，学到更多的跨学科知识，也可以为我们在投身设计行业工作的时候，能更好地开拓思路，以契合主题的方式进行思考、创意，提升设计规划水平。这本书，我以自身体会，概括地分享我对世博会展馆主题表达、展馆设计要素、施工管理以及运营管理等方面的体会，"温故"是概括回顾了历届世博会的具有重要史料价值的内容，"践行"部分以我参加世博会工作的2000年作为一个时间点，感知、探索、实践、总结我的思考，付诸的努力。希望本书能够对国内从事世博会工作的同行，特别是与大型展会规划、设计有交集的朋友有所启发。

感谢老领导王锦珍副会长在百忙之中为此书写序，也感谢学长清华大学美术学院杨冬江副院长，以及在博物馆体系德高望重的原中国国家博物馆副馆长董琦博士对此书进行的指导与品荐。

葛杰

2019年2月

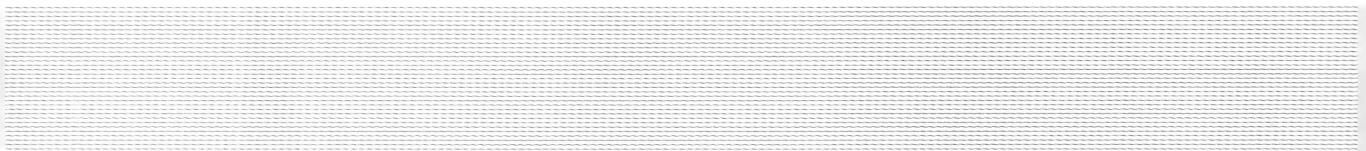

目录

1851 1855 1862 1867 1873 1876 1878 1880 1888
1929 1933 1935 1936 1937 1938 1939 1949 195
1968 1970 1974 1975 1982 1984 1985 1986 1988

893 1897 1900 1904 1905 1906 1910 1913 1915
1954 1955 1957 1958 1961 1962 1964 1965 1967
993 1998 2000 2005 2008 2010 2012 2015 2017

温故 EXPO

回顾一个半世纪的世博史，可以清晰地看到人类
近现代所走过的足迹，从工业革命到第一次世界
大战，再从第二次世界大战到冷战的结束，世博
会见证了人类文明的历程，也记录了国家意识形
态的冲突与和解。世博会以经济、文化为纽带，
将这个星球上的美好带给人类，推动了人类不断
进步……

1851年5月1日，英国维多利亚女王（Queen Victoria）在新建成的伦敦"水晶宫"为万国工业博览会举行了开幕仪式，它成为了世界博览会的开篇，奠定了世博会发展的基础。

这一盛会由阿尔伯特亲王（Prince Albert）领导的罗伊委员会组织，英国皇家艺术协会筹资予以支持。展会规划了4个系统：原材料、工业产品、机械装置和艺术雕塑。展会首先解决的是展出空间的问题。组建的建设委员会采用招标方式对来自包括38个国家的245个提案进行了评估，可惜没有一个满足需求，方案都充满了陈旧的学术风格设计。最终一名地产园艺经理约瑟夫·帕克斯顿（Joseph Paxton）新提交的方案得到了阿尔伯特亲王和艺术协会成员的认可。帕克斯顿与建筑工程师罗伯特·史蒂芬森（Robert Stephenson）完善的建筑体设计仅使用钢铁和玻璃，开阔的展厅符合使用要求，而简单的框架使得这座建筑仅用三个月就得以建成，这就是世博会历史上著名的"水晶宫"。建筑与装饰设计师欧文·琼斯（Owen Jones）被邀请为室内装潢，他创新地提出了基于明快的红、黄、蓝基础色条纹装饰的方案。这种基于三原色的色彩归纳了任何伟大的艺术时代的基本色系，英国皇家委员会完全采纳了琼斯的计划。简洁、成本低廉和大胆的装饰应用于大型幕布上，充满创新的室内装潢设计得到了参观者的赞赏。

参展者的作品也同样吸引了人们的目光，精美的桥梁模型，蒸汽机、液压机，使用望远镜头拍摄的照片，最新型的缝纫机、蒸汽锤以及漂亮的瓷器、丝

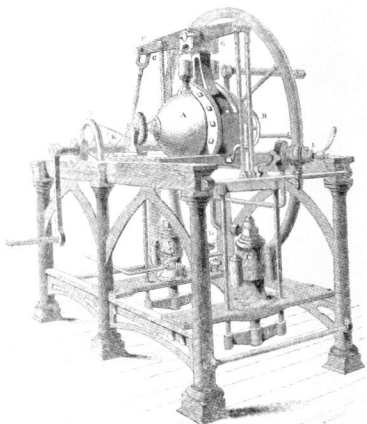
Tyler, Hayward, and Co.'s Soda-water Machine.

绸、珠宝、时装、家具等，充满了工业革命所带来的科技发展成果。

　　展会无疑是成功的，主办方也取得了大笔的收入，这笔款项大部分用于建设艺术和科学中心，支持发展展览设计和革新技术。这届展会极大地带动了工业、艺术以及国际贸易和旅游业的发展，揭开了英国工业设计领域的新篇章。

　　可以看到，从第一届世博会开始设计就与之相伴而生，世博会为设计行业开启了一片广阔的天地，设计师为世博会的发展倾注了才华，使世博会不仅仅是商业展览场，更是创意思维的展示平台。唯一遗憾的是1854年11月30日的一场大火将"水晶宫"夷为平地，但它的历史地位却永远被载入世博会史册。

在1851年伦敦博览会中占据最大展出面积的法国于1855年5月举办了一届世界农业、工业和艺术品展览会。拿破仑皇帝希望借此展示出法国当地工匠的杰出成就，让世人赞美法兰西帝国的荣耀。工程师亚历克西斯·巴劳尔特（Alexis Barrault）和建筑师维尔（Viel）、德雅尔丹（Desjardins）为回应英国"水晶宫"而大胆建造了全玻璃屋顶的金属矩形建筑。建筑整体宽100米，长254米，高达30米，另外加上拿破仑下令增建风格统一的侧廊，使得这一建筑的施工充满了挑战。期间发生的建设事故导致了6个人死亡，594名工人受伤。最终总占地面积达12公顷的展览馆落成，于1855年5月15日正式揭幕。

展会同样吸引了大量参观者，过滤式咖啡机、会说话的洋娃娃、六发子弹的左轮手枪、第一辆烧柴油的汽车以及证明地球自转的科学仪器等等展现在世人面前。这届世博会更贴近人们的生活，提升了人们对品质的追求水准。波尔多葡萄酒的分级制度就是在这届世博会上得以确认。在展会官方闭幕式上，拿破仑亲自给40多人颁发了奖项。不过，这届世博会也仅仅留下来很少的建筑遗迹来记载拿破仑作为君主的荣耀。

INTERNATIONAL EXHIBITION OF 1862.

West Front — Main Entrance

Turner）的画作。在展示品中，展出了今天计算机的原型——巴贝奇分析机，硫化橡胶的新技术以及钢铁生产的新工艺等。可惜的是，此次展览周期正值美国内战，导致棉花原料产地减产，对英国经济命脉的纺织业造成了很大影响，导致经济不振，再加上女王由于丈夫阿尔伯特的去世而没有心情出席开幕式，使得这届世博会并没有成为经典，参观人数远低于预期。展会结束后，展馆被拆除，建材被用于建造亚历山大宫。

1862年，英国决定再现1851年万国工业博览会的辉煌，并建造超越"水晶宫"的展场。工程师和建筑师弗朗西斯·富克（Francis Fowke）负责展馆设计项目。考虑到后期利用，这次在工程材料的选择上扩展了材质的范围，建筑外立面和入口处进行了装饰风格的尝试。这次展览展出了著名雕塑家约翰·吉布森（John Gibson）的维纳斯雕像以及艺术家约瑟夫·透纳（Joseph

1867年法国巴黎又一次举办了博览会，这是一届值得记入史册的展会。它开创了以临展结构建造展馆，同时各参展国独立以各自主题进行搭建的展示方式，不仅成为展览行业的展示基础形式，也为今后世博会各参展主体参与展出提供了模板。展会中出现的为表现潜水服而设立的水族箱，可以说是展示手段的创新。夹鼻式眼镜、背式氧气瓶等展品的出现便捷了今后人们的生活，反响巨大。展会组织者从服务博览会考虑，通过招标形式选定商家开通了运行

在塞纳河上的水上巴士，服务于货物和观众的运输，这是世博会上的一项创新，至今，水上巴士还在塞纳河上迎接来自世界各地的游客。展览区域还开设了食肆、娱乐区、邮电局、美发厅、儿童托管所、有超过一百家的餐厅和咖啡馆提供来自世界各地的菜肴，使得这一盛会成为巴黎人最喜欢的地方，这种模式对今后世博会的发展起到了示范作用。需要特别纪念的是国际红十字委员会也是在这届世博会上正式成立的。

这届世博会值得一提的是中国的展示。除了有精美的商品展出，中国戏班的演出可谓盛况空前，戏院的门票是1.5法郎，观者如潮。晚清著名的改良主义思想家王韬参观所记："有粤人携优伶一班至，旗帜鲜明，冠服华丽，登台演剧，观者神移，日赢金钱无算。"《伦敦新闻画报》也进行了特别报道。

1873年维也纳博览会成为首次在德语国家举办的世博会。为了体现奥匈帝国的伟业，组织者邀请了"水晶宫"的建造参与者约翰·斯科特赛尔（John Scottrussell）来设计展馆，这位曾设计过世界上最大的蒸汽船的工程师为了超越工程上的成就，设计了由32根超过24米高的柱子支撑的直径达104米的圆形空间——"大礼堂"。建筑穹顶的直径为32.4米，窗户的高度有10米，最高点为85.3米。建筑物一问世便成为城市的焦点，这座建筑后来被改造成宾馆。这届世博会投资巨大，导致经济下滑股市崩溃，同时由于展出克虏伯工厂生产的一座重达26吨用于军事用途的火炮系统而成为那个时代颇具争议的博览会。

THE AMERICAN CENTENNIAL EXHIBITION — PRESIDENT GRANT AND THE EMPEROR OF BRAZIL STARTING THE "CORLISS" ENGINE IN THE MACHINERY HALL.

1876年，在美国独立一百周年的时候，为了展现美国百年来工业领域的发展，费城组织了一场出色的世博会。政府在基础设施方面投入建设，建造了超过50家的酒店，修建了铁路、有轨电车线路，并建设了热水供应系统，使得参观者得到了极大的便利。这届世博会对美国文化和工业产品在全世界的传播产生了良好的影响。

格兰特总统和巴西皇帝启动了一台1500马力的巨型科利斯（Corliss）蒸汽机，为展馆提供强大动力。

中国清政府首次以统一展馆的形式参展。题有"大清国"字样牌楼的中国馆面积达880平方米，共展出了6800余件/项产品，价值约20万两白银。丝绸、茶，各种瓷器、漆器、金银器及各类工艺品颇受欢迎。

在法国政权更替的背景下，新政府决定于1878年组织新一届世博会。为这一展会，组织者请建筑师亨利·布朗德尔（Henri Blondel）设计了巴黎最豪华的大陆酒店，同时还建造了剧院。组织者将展场建设扩展到塞纳河两岸，左岸以香榭丽舍的战神广场为主，右岸新的展示厅建在特罗卡德罗广场，之间扩展和改建了耶拿大桥。为了使观众方便参观，战神广场火车站进行了整修，使得它有了4条到达线路和一座重新装备的候车大厅。特罗卡德罗广场位于右岸的夏勒山，组织者为世博会建设新的展馆进行了竞标，在94件作品中卡布里埃·达维德（Gabriel Davioud）和朱尔斯·布尔代（Jules Bourdais）的设计方案被采用。建筑整体体现的是围绕两个半圆形体展开的翅膀，每一个由中央大厅延伸出去，长度达200米，大厅有华丽的

金色圆顶以及耸立的尖塔。这是一个有着折中主义风格的设计，但整体建筑成功地融合了摩尔式和拜占庭式的风格。在为贵宾举办中央论坛的地方，装饰有6尊代表不同大陆的女性雕像，这6尊雕像后来被收藏于奥赛博物馆。宫殿的内部装饰和它的外表一样富丽堂皇，天花板上有丰富多彩的壁画，大厅内还有一件最有价值的乐器——由法国风琴大师根据大厅空间音域而制作的风琴。

这届世博会设立了200多个国家馆，主题为"新技术"。贝尔的电话机、用于街道和舞台的照明系统、打字机、空调等等新科技得到集中展示，爱迪生也带来了他最新发明的话筒和留声机。最令观众惊叹的是世界第一台利用太阳能的烤箱，现在这件展品还保留在巴黎

工艺美术博物馆中供人参观。还有一件著名的艺术品是建筑师弗雷德里克·奥古斯特·巴托尔迪（Frederic Auguste Bartholdi）创作的自由女神的头部，在1886年它作为法国赠送给美国的礼物，至今矗立在纽约的曼哈顿岛。这一届世博会吸引了超过1600万名观众，成功地超越了以往的任何一届博览会。

这届世博会上，郭嵩焘作为中国第一位驻外外交官出席了开幕式并参观中国馆，成为中国首位代表政府参加世博会活动的外交大使。

首次在英属殖民地举办的世博会于1880年10月1日在墨尔本开幕，身为英属维多利亚州的人民为这一伟大活动而自豪，由约瑟夫·里德（Joseph Reed）设计的皇家展览馆和围绕它的园林作为主会场，它由砖和钢木结构组成，外覆石材。建筑体现了不同的风格——拜占庭、罗马式和意大利文艺复兴风格，佛罗伦萨式的圆顶所体现的完美建筑比例令人印象深刻。这届世博会提供了详细的参观指南，来自欧美大陆的各类展品丰富了墨尔本居民的视野，同时也改变了他们的生活方式。澳洲也就此与德国、美国、法国和比利时建立了直接的贸易关系，轮渡在澳洲与马赛和不来梅之间建立航线，法国银行在墨尔本和悉尼开设了常驻办事处，这次展会成为促使澳大利亚走向独立的重要推动力量。

INTERIOR OF THE MELBOURNE INTERNATIONAL EXHIBITION.
(THE BRITISH COURT.)

1888年巴塞罗那世博会的筹办颇费周折，最先由私人企业家策划筹办，但直到得到新任市长和备受尊敬的加泰罗尼亚土木工程学会主席圣路易斯·鲁维埃（Lluis Rouviere）先生的支持才使得这一计划实现。这届世博会是这座新城市建成后举办的第一次大型活动，新城市是按照建筑师伊迪芬斯·塞尔达（Lldefons Cerda）的方案重建的，新艺术风格、现代化的布局和工业的发展使这一城市与世界上著名的城市相比毫不逊色，跻身当时欧洲最美丽的城市行列。博览会的选址在原菲利普五世建造的军事要塞所在地——休达德亚公园（Ciutadella Park），公园里建立了工业馆、美术馆、艺术宫、科学和海洋馆。工业馆是最大的建筑物，是一栋长120米，宽34米的长方形建筑，其中的中央大厅专门为西班牙展区保留，展出西班牙最新的工业技术成果。在艺术宫展出了西班牙国王的皇家珍品以及法国著名画家的艺术作品，科学和海洋馆也受到观众的喜爱。通过这届世博会，西班牙吸引了世界的目光，巴塞罗那成为通往欧洲的新途径，使之能与欧洲其他国家辉煌的首都相媲美。

PALACIO DE BELLAS ARTES

　　1889年5月5日第十届世博会开幕，这届盛会是为纪念法国大革命和推翻君主制100年而召开的，成为众所周知的百年纪念。而在世博会历史上，这届世博会有着太多值得赞美的推动人类发展与进步的展示。著名的埃菲尔铁塔的建成不仅成为巴黎的地标，也成为世博会历史上最具标志性的建筑体。新的展馆由工程师M.J.康达明（M.J.Contamin）和建筑师P.L.杜特尔特（P.L.Dutert）设计，主建筑机械馆花费惊人，相比较位于爱丽舍宫的工业馆更加优雅迷人，其拱门设计的更薄更轻巧，并直接落在地基上，这一全新的方法解决了重量分配问题，而机械馆在展会结束后被拆除。

　　埃菲尔铁塔可以说是最主要的展品，但这一试图建造成世界第一的高塔遭到了当时法国精英阶层的反对，他们联合写请愿书要求市政府拆除它。著名的作家莫泊桑曾在他的游记《漂泊的生活》中写道："我离开了巴黎，甚至离开了法国，因为埃菲尔铁塔使我厌烦，它无处不在，到处都能看到它，透过每一扇窗户展示着它硬冷的材料，使人不可避免地产生令人痛苦的噩梦……如果不尽快把这一瘦长、丑陋、独眼巨人一样可笑而单薄的工厂烟囱拆掉的话，我想知道这会给我们这一代带来什么思想"。值得庆幸的是，由于埃菲尔铁塔所在的地理位置属于市政府，最终避免了被拆除的命运，并就此成为巴黎的象征。在2016年，一段替换下来的楼梯被拍卖，成交价高达52万欧元。这座塔的建造持续了2年多的时间，由于所有18000个建筑组件都在工厂加工制作，而后进行现场安装，整个工程仅仅用了150名工人。塔上建有观景平台和餐厅，到了晚上塔顶上两盏耀眼的射灯为展览区域进行照明。这一高达300米的当时世界第一高塔，尽管在投入使用时安装了4部升降梯，但表现很差，大约有3万名世博会观众以徒步方式爬上了铁塔。

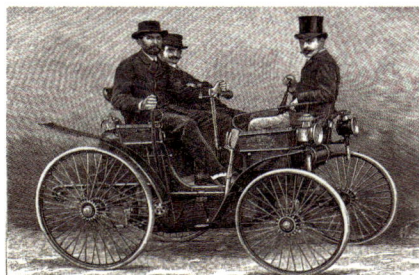

在展会结束后，铁塔顶部设置了气象站，1904年又安装了无线电发射器，为这个城市的文化生活作出了必不可少的贡献。

这届世博会共展出9大类展品，最新的技术代表是美国科利斯蒸汽机和戴姆勒奔驰的第一辆四轮汽车。

爱迪生成为了传奇人物，美国馆用了三分之一的空间展出了他发明的电话、留声机、电灯、新系统的电流组、白炽灯泡、感应电动机、电磁铁等。每天在展出的45台留声机前挤满了超过3万人来记录和收听自己的声音，巴比伦时报的记者惊叹道："从来没有那么多的语言被放在一起……"。电力的发明改变了这个世界，而化学工业的进步也很显著：靛蓝、合成铝、糖精、赛璐璐等的应用改变了人们的方方面面。石油这一自然矿产也在这届世博会一系列会议上得到了统一的申报和区域定位。轻工业也得到了发展，法国利用化工技术创造出了高品质的具有丰富色彩的纺织品。文化和娱乐业也随着世博会的开幕得到了推动。

1889年世博会标志着人类思想的巨大进步，展览展现了许多新的前沿成就，激发了参与者的思想与激情，让人类大胆地去追求不可阻挡的科技进步潮流，朝着辉煌的未来进发。

514米，宽240米，高75米的规模成为世博会举办以来最大的展厅之一。

在世博会正门附近的中央广场上，设置了一组反映哥伦布乘坐圣玛利亚（Santa Maria）号帆船探索海洋世界的巨型镀金雕塑。国际海洋局也在这届世博会上宣布成立，负责协调处理海洋相关的信息交流以及与世博会相关的展览事物。博览会规模空前，遗憾的是在为博览会建造的200多座建筑物中，只有一座保存至今，就是科学及工业博物馆，它是在当年世博会美术博物馆的基础上于1933年重新整修启用的。这届世博会在规划上首次设立了独立娱乐区，这使得展示区和娱乐区的功能性互不干扰，同时也令娱乐区的投资者能够获得更多的利润。乔治·费理斯（George Ferris）发明的世界上第一座摩天轮矗

1893年，为庆祝哥伦布踏上美洲大陆400年，芝加哥市击败纽约、华盛顿等申办竞争对手，赢得举办此次盛会的机会，杰克逊公园和大道乐园公园被选为展会场地。

景观设计师弗莱德里克·欧姆斯泰德（Frederick Olmsted）负责复杂的展场规划，丹尼尔·伯纳姆（Daniel Burnham）领导的工程师团队负责设计博览会建筑。根据设计方案，白色作为建筑物的基础色，工业和艺术馆以长

立起来迎接欢乐的人群，它由钢架支撑，高达80米，共有36个座箱，每次可以容纳60名游客。

在展品中，首次展出了拉链、第一个全电气化的厨房设备、荧光灯、用于建筑的喷漆，以及可以以每秒8份的速度生产报纸的印刷机等。美国馆由Gorham和Tiffany公司作为代表，他们投入了大约200万美元的费用，展出了为博览会特别准备的1000件工艺品，包括一颗价值10万美元的125克拉钻石。博览会还展出了600余件16～18世纪的古董钟表。最令观众惊叹的是伟大的发明家和电气技师尼古拉·特斯拉（Nikola Tesla）以杂耍般的方式，让高频电流通过自己的身体而点亮灯泡的表演。另外，用特殊制冷机制成的"冰山"可以让游客乘坐雪橇在烈日下享受滑雪的乐趣。这届博览会的成就还包括在此期间召开的第三届国际电工技术大会，在会议上国际电工技术计量组织正式确认以发明者的名字命名了电力单位：安培、伏特、亨利、法拉、焦耳、瓦。

这届世博会在财务方面取得了成功，商业利润达到了400万美元。摩天轮是典型的代表，在付清所有成本费用后，大约有100万美元的利润分配给3万名投资者。在19世纪，没有哪届世博会的运营模式取得过这样的成功，以此为标准，芝加哥世博会成为未来举办世博会成功与否的标杆。这届盛会所呈现的美国民众团结与开拓的精神彰显出美国的现代形象，从文化、经济、科技等多方面对美国今后的发展有着深远的影响，使美国在经历了短暂的动荡后逐步形成了自己的价值体系。

OPENING DAY, MAY 1, 1893

用于比利时全国工业和艺术展览会，后又多次举办类似活动。建设于此的开罗城市馆由建筑师厄内斯特·范·亨贝克（Ernest Van Humbeeck）参考埃及城市风格设计建造的。现在，这里成为布鲁塞尔穆斯林文化中心。

这届世博会一个重要议题是妇女劳动和科学技术，但展馆更多地反映了殖民文化。一座有着比利时新艺术派风格的建筑物被放置在皇家公园，馆内装潢豪华，礼堂陈设有名贵木材加工的家具和古希腊风格的雄伟雕像，在地下展馆还放置了一个展示非洲鱼类的水族箱。利奥波德国王对布鲁塞尔世博会很重视，这是向世界展示他能力的最好时机。刚果作为他唯一拥有的殖民地，在公园中建造了一个真正的刚果村庄，267名非洲人在展会期间居住，游客们可以直接欣赏到一个非洲部落的生活以及他们的仪式和舞蹈，不幸的是，有七名居民死于气候突然变化所引起的肺炎。这届世博会实现了组织者的目标，观众达到了600万人，比利时也被描绘成一个繁荣的，拥有工业科技和殖民地财富的国家。

1897年新一届世博会在布鲁塞尔举行。在19世纪末，比利时进入了繁荣时期，而举办世博会最能向世人证明这一点。比利时王室直接参与了组织工作，国王利奥波德二世亲自主持筹备工作的每一个阶段。然而，大雨影响了展馆的按时完工，展期不得不由原定的1897年4月24日推迟到5月10日开幕。博览会邀请了来自30多个国家的参与者。展馆选址于五十周年纪念公园和皇家公园，五十周年纪念公园于1880年开园，当时

PARIS 1900

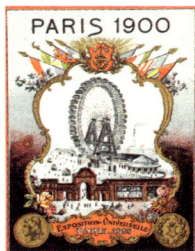

1900年4月14日，法国第八任总统埃米尔·娄贝特（Emile loubet）出席了再次在巴黎举办的世博会开幕式。法国已有50年的世博会办展经验。1900年的法国有着更远大的抱负，他们要把之前高水平的标准再推进一步，加之奥运会的举办，准备让世界感受到法国的荣耀。这届世博会的主题是对20世纪的回顾与总结。在巴黎的任何地方都可

部分由阿尔伯特·卢维（Albert Louvet）负责，而曾设计过小皇宫的查尔斯·吉罗（Charles Girault）负责中央入口后部的展示区，同时对整体展馆予以总体规划。大皇宫总面积为72000平方米，对于美好时代的写照充斥在建筑的各个方面，以表现法国的荣耀。建筑总长240米，高45米，用金属结构建造，总用钢量达到了9000吨，顶部整体覆盖玻璃穹

以买到仅为一法郎的门票。展区面积达230公顷，其中120公顷在香榭丽舍广场，110公顷位于文森特森林公园，拥有新建筑风格、装潢精美的宏伟宫殿建筑是在之前的工业宫的遗址上建造的。用于主展馆的大皇宫建设始于1897年，历经3年建成，博览会组织者通过竞标，最终选定了三位法国建筑师负责整个项目：宫殿的中心部分由亨利·德格伦（Henri Deglane）负责，中央餐厅

顶，配合大尺度的窗户和透明的檐篷，可以充分利用自然光线。直到今日，大皇宫依然像过去一样成为中外艺术展示的重要场所。根据吉罗的规划，建筑师佩蒂特·派勒斯（Petit Palais）将四个展馆以扇形排列围合在半圆形的花园周边。

在19世纪的最后10年，机械工程、电力、冶金、化工、矿产开发等得到迅猛发展，内燃机、蒸汽机、柴油机得到

高效的革新，再加上航空业的起步，使世界经济格局发生变化，也使国际政治舞台产生变迁，美国建立了工业霸

式各样的灯光所装饰，为了保持24小时照明，法国及国外的供应商安装了总容量达38000kV的设施，世博会期间的巴黎被冠以"光之城"的美誉。随着电力向工业领域的转换，以及电气设备的发展，更多的化学元素得到发现与应用，锰、铝、溴、铬，还有电石等新物质应用于产品中。世博会上还有一架世界上最大的望远镜引起观众的极大兴趣，其镜筒有60米长，镜头直径有1.25米。另外，还有一只巨大的万花筒得到孩子们的喜爱，现在被保存在格雷万博物馆。由于留声机的出现，第一部有声电影也

权，在欧洲，英国让位给德国。展会上一项重大科技成果是能产生350马力的带喷嘴的蒸汽涡轮发动机，这一重要发明随后应用于喷气发动机上，同时也推动了汽车业的发展。随着电力时代的到来，电力馆充分体现了对这一人类伟大发明的赞美，雕塑家洛朗·马奎斯特（Laurent Marqueste）创作了一尊电力女神的雕塑放置于电力馆的顶部，每个晚上都像明亮的星星一样照耀着周边的地方。巴黎整个城市的纪念碑和建筑物也被各

得以实现并在世博会上迎接观众。

组织者对于参观者的服务也下了一番功夫，基础设施的改造使巴黎的交通系统发生了重大变化。7月14日，巴黎地铁正式开通（展会开幕三个月后），买一张十五芬尼的车票就可以乘坐一条贯穿整个巴黎线路的便利旅程，受到巴黎人和各地游客的热烈欢迎，从它投入运营到展会结束一共大概运送了1000万人次。至今，巴黎的地铁依然得到世界各地游客的赞赏。在城市东部，里昂和

蒙帕尔纳斯火车站被更舒适的奥赛新火
车站取代，成为世界上第一条电气化铁
路的终端，1977年，这座火车站变成了
著名的奥赛博物馆。

中国政府由海关派代表参加了此次
世博会，并搭建了具有中国建筑特色的

展馆，展出的一幅慈禧皇太后的彩色
版画像引起轰动，并刊登在《Le Petit
Journal》报全版页面。

1900年世博会同样取得了巨大成
功，总计吸引了5000多万名观众，小说
家埃米尔·佐拉（Emile Zola）在他的
小说《阵痛》中讲述了令人惊奇的电气
技术对同时代人类生活的影响。

另一件值得巴黎骄傲的是，在世博
会期间，巴黎还成功举办了第二届夏季
奥运会，参赛国达到24个，两大盛会使
得巴黎成为世界的焦点。

Weltausstellung zu Paris: Der große Festsaal im Elektrizitätspalast.

密苏里州的圣路易斯在1764年由法国人建立，在它存在的头100年，它是蛮荒西部最富有的城市之一。1904年，为庆祝美国从法国手中购买路易安娜100周年，该市成为美国举办的第三届世博会的所在地。这届世博会提出"理想公民"的主题，教育和技能培训成为主要展示方向。展会总监弗雷德里克·斯基夫（Frederick Skiff）设计了一种双重分类系统，旨在改善过去世博会所形成的固有模式。根据这一概念，展品按一定顺序排列，以便更好地反映人类进步的过程。这种方式不满足于展示成品，更多的是体现制作流程，例如，人们可以直观地看到绳子是怎样被生产的，看到铁匠或农民的劳作场面，而后才关注成果。展览共分为十六类，教育、艺术、人文科学和应用科学在最前端；其次是原材料部分，如农业、园艺、矿产、林业和渔业；最后是人类学、社会经济和体育教育。斯基夫认为世博会就应该是反映人类成就的博物馆。

建筑师和园艺师委员会就建筑工程进行讨论，在规划区的东北部有一个高档小区，一个扇形区域围绕着节日大厅。不超过20米的单层建筑彼此相连，展区内规划了宽阔的步行道、花园和公共游乐园。建筑师在清理整洁的土地上依据法国建筑风格设计了现代建筑，巨大的钢和木材架构被复杂的用石膏和麻纤维制成的面料所覆盖，这种混搭艺术风格是当时美国流行的学院派潮流。交通馆被设计成一个巨大的火车站，一台蒸汽机被放置在一个旋转平台上以庆

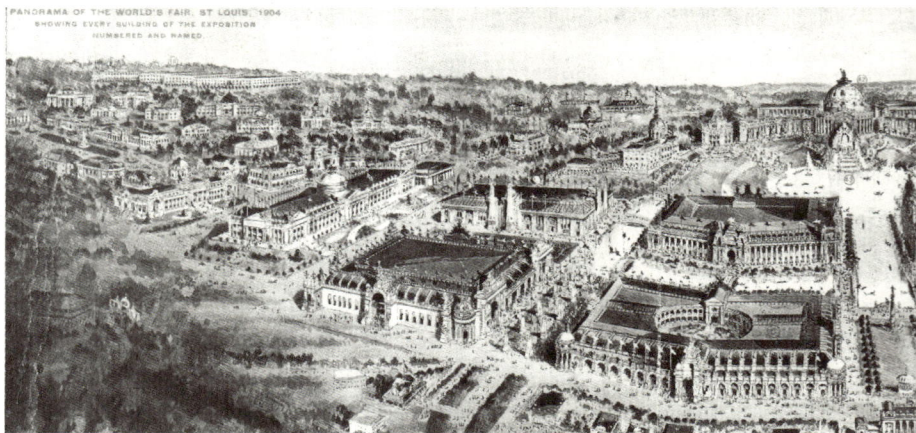

祝蒸汽机发明100周年，在站台周围铺设了长达6公里的铁轨。整个展区建造了1500余座建筑物，展馆面积达500万平方米。农业馆独占23亩土地，用去了395000平方米玻璃，600扇门窗，450吨钢材以及大量的木材。就建筑而言，节日大厅被誉为最重要的亮点。纽约建筑师卡斯·吉伯特（Cass Gibert）设计了一个圆形结构音乐厅，可以容纳3500人，圆形穹顶比梵蒂冈的圣彼得大教堂还要大，这里成为了世界上最大的管风琴音乐会的演奏场所。稍稍弯曲的柱廊与独立的拱门结构上装饰了富有寓意的雕塑，象征着美国的十三个州。最令人印象深刻的是利用水电泵技术塑造的喷泉系统，通过水泵系统，每分钟有170升水被输送到装饰雕像。拥有三级高差的瀑布喷泉，水流经由直径180米的大池塘延伸成一个广阔的泻湖，岸边栏杆布满装饰灯以及反映西部独特地理、动植物的雕塑，到了晚上，游人可以在被灯光染成五颜六色的湖面上泛舟畅游。

整个区域还规划有7座教堂和一座可以提供2257间客房的官方酒店，餐厅、咖啡馆可以同时为36000名游客服务，其中一间能提供4800个座位。很多国家馆以特色建筑吸引观众的目光，可以看到耶路撒冷墙，日本的花园，中国的寺院，德国的动物园，爱尔兰的乡村以及非洲等地的风光美景。博览会长时间开放，从上午8点直至晚上11点半才闭园。展品中最具代表性的科技成果是一台婴儿暖房，参观者可以观察新生儿是如何被放入各自独立的养护空间，并被护士进行特殊照顾。

1900万参观者的数字虽未达到预期，但也非常可观，使得组织方得到了满意的财务收益。伴随着世博会的召开，圣路易斯还在7月1日拉开了夏季奥运会的序幕，第一座采用钢筋混凝土结构的功能齐全的现代化体育馆落成使用，但由于组织者政策的偏离，奥运会并未取得如世博会一样令人瞩目的成就。

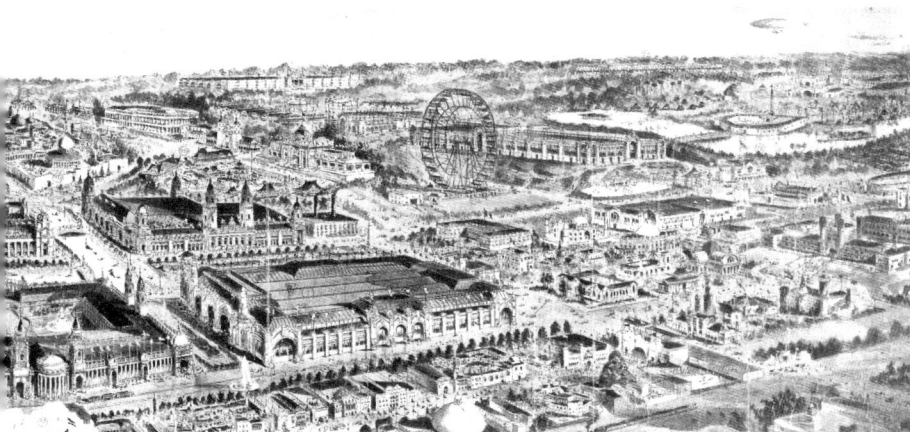

1905年是比利时独立七十五周年，4月27日，比利时王子阿尔贝和他的妻子出席了在列日举办的世博会开幕式。早在1892年列日就提出申办世博会，但布鲁塞尔取得了1897年的世博会的主办权。列日筹备团队并未气馁，在1899年成立了专为承办展览的控股公司，注册资金达168万8500法郎，最终得以承办1905年的世博会。从1898年开始，城市规划者就在寻找适合这类大型活动的场地，最终，维纳斯地块（Vennes quarter）区域被选中。组织者首先购买下土地，之后才正式宣布其为博览会使用用地，避免了投机现象的发生。这个区域额外加固以防止可能发生的河流洪水，工程规划是在默兹河上修建一座新桥，同时加固两侧土壤，并铺设新的

道路。

对比利时王室来说，举办世博会是一件非常重要的事件，因为它能反映国王在位期间所取得的里程碑式的成就。为此，利奥波德二世和王室成员全力支持博览会的举办。1903年7月1日，阿尔贝王子为展馆建设铺下了第一块基石并固定了Fragnee桥上金属结构的第一颗螺栓。列日借鉴了从其他活动中得到的经验，利用发行彩票来募集资金，有了资金支持，组织者进行了大规模的广告宣传攻势。他们邀请各国的记者参观正在建设的展馆，印制大量的宣传册分发到比利时的旅馆、车站，在世界各大城市进行宣传，甚至宣传册出现了大西洋航线的甲板及国际列车的车厢里。同时，还以外交界和商界为目标，出版了名为《展览》的期刊。组织者对接待细节很重视，对当地的酒店、民居进行了审核，将之分为8类进行管理，这一努力使得游客可以根据自身预算进行广泛的选择。

除作为中央展馆的维纳斯地块区域，城市中心西南部的科廷（Cointe plain）区域被作为设施农业、林业及园艺类的展场。长170米的Fragnee桥建造

精美，成为一座具有使用功能的艺术展厅。主展馆入口处高55米、宽33米的大拱门上装饰着维多利亚雕像；专门为展会建造的艺术宫一直保留至今，现在是当代艺术博物馆。展览的中心主题是展现比利时的辉煌，科学馆致力于推出比利时科学家在地理、医药、物理、化学、天文学、气象学、数学等多方面的成就，内政部长自豪的解释说：科学馆反映了比利时人民的智慧。比利时馆还展出了国产的汽车、自行车和摩托车。

在展会期间，列日4公顷范围内的100座瓦隆风格的房屋被重建。外国馆中，法国馆规模最大，单独占地3公顷，展出了7950件展品。其他国家也都建造了风格多样的展馆，有北非国家的清真寺宣礼塔，亚洲殖民地区的佛塔。刚果馆展出了面积达80平方米的建筑模型。列日世博会也成为比利时的外交平台，期间经过和平谈判，日本和俄罗斯之间的停战宣言从这里发布，日本也得以参加了此次世博聚会，这使得列日世博会的组织者得到了良好的声望。展会期间，在广告宣传的带动下，列日不仅迎来了欧洲的王公贵族，也接待了来自世界各国的高级官员，大约有700万人一起见证了比利时独立七十五周年时的这一场盛会。

　　1900年巴黎世博会启发了其他欧洲国家，意大利也不例外。经过4年的筹备，1906年4月28日新一届世博会在米兰召开，展览得到了意大利运输联盟和伦巴第记者协会的支持，展览主题分为四个方面：陆运、海运、艺术、装饰工艺。专门修建的展区位于市中心斯福尔扎城堡附近的公园和陆军广场。展馆的主要入口在晚间被无数的灯光所照耀。尽管是有关运输类的主题，但是展区还是建立了农业馆、邮电通信馆、科学与建筑展区以及反映钻井技术的辛普朗馆

等。艺术馆和节日宫装饰华丽，节日宫的接待大厅有4000个座位，并配有一架巨大的风琴。这里成为了意大利贵族阶层永久的聚会场所。另外，工程师彼安吉（Bianchi）建造的劳动画廊总面积达40000平方米，装饰有象征劳动和产业革命的雕塑，这座建筑具有拜占庭式的穹顶，高达70米，在顶层眺望可以看到壮丽的阿尔卑斯山脉。

　　运输工具自然成为展示的重点，德国汉诺威公司时速达143公里的机车、英国的列车、法国不用蒸汽的机车都带

ESPOSIZIONE INTERNAZIONALE DI MILANO 1906
Pianta del Parco

来了技术上的革新，而观众更喜欢欣赏汽车。在展馆里，有最先进的装有减震器的汽车，有餐车，还有各种各样的车辆装饰材料、工艺的展示，再加上各式电力照明设备、采暖设备，使展馆里充满了轰鸣声，展示出一种特有的生命力。在馆外展区，米兰航空公司展示了一组巨大的气球，随着充气量的增大，其上升高度随之增加，其中一只可充气1600立方米。赛车比赛更是吸引人们的关注，菲亚特团队的兰奇亚车赢得了4000公里项目的金牌。

世博会上，库特尔（Le Coultre）兄弟带来了世界上第一支腕表，但在当时看来，男人们拒绝戴手表，他们认为那只是给女性的装饰品。

展览取得了成功，有700万名观众，所得的收入用于修复斯福尔扎城堡。这届世博会不再运用旧的组织原则，不再是为纪念某些事件，不再为了某些人物的荣耀，而更多地考虑社会上人们的需求，本着维护国家不同阶层人群的和谐共处而推进科学技术的进步。

Exposition de Bruxelles, 1910. Les Jardins Français

布鲁塞尔的市长一直迫切希望能再次举办世博会，在获得1910年世博会承办权后，筹备组立即开始了工作。组织者成立了布鲁塞尔展览公司，布鲁塞尔银行、比利时银行、比利时信贷银行等主要金融机构成为重要股东，注册资本达到了2650000法郎，市长直接领导展览会执行委员会。展区选址充分考虑了对城市新区发展的需求。为了吸引更多观众，布鲁塞尔不仅加大了基础设施的投入，而且拨出100万法郎用于在国际上的广告投入。

1910年4月23日，已经成为国王的阿尔贝和主后伊丽莎白参加了开幕式。这次展览为了迎合大众对非洲大陆的兴趣，以及尽可能地强化其殖民地属性，刚果作为重要的展出地区进行参展，展出了在比利时扶持下更多的经济发展成就，但也让人们为其自由独立奠定了舆论基础。有20个国家正式参展，德国参展规模最大，在展厅中布置了许多新的产品；英国带了羊毛制成的纺织品；法国推出他们的葡萄酒、时装和香水；意大利则展出了著名的米开朗琪罗的雕塑——大卫。在工业领域展区的核心位置展出了交通运输的新发展，预示着汽

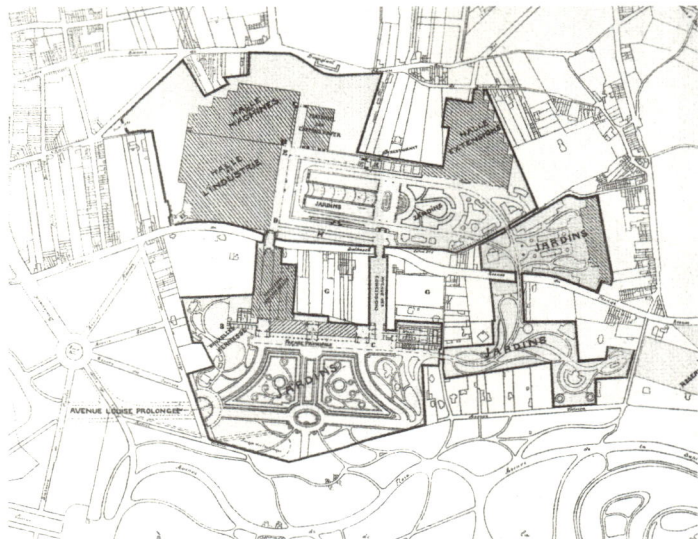

Exposition Universelle de Bruxelles 1910
Pavilion de la Chine.

和航空业的大发展时期即将到来，但在当时时速达132公里的火车依然是最具有竞争力的大众运输工具。

这届世博会上，中国馆也以典型的传统东方花园式建筑亮相，不过这也是大清龙旗最后一次飘扬在世博会会场。

8月14日晚上的一场火灾使得展会蒙上了阴影，比利时馆的重要组成部分、英国馆的一部分、法国馆的餐厅以及娱乐区和执委会的办公室被夷为平地，经过努力，受影响的展馆在一个月后得以恢复。这次火灾是一个深刻的教训，不仅意味着组织者安全系统的失效，也使公众发现许多展出的青铜和大理石雕像实际上只是仿制品，有一种被欺骗的感觉。尽管如此，展览还是成功地吸引了1300万人参观。

1913年4月26日，国王阿尔贝和王后又出席了根特世博会的开幕式，这次皇室家族和全体内阁成员部长们集体出席。为了这一届世博会，根特市着手重建了市中心的市政厅、钟楼、美术馆及码头。展会选址在圣皮埃尔区，毗邻火车站，总面积达125公顷。由于已经为1910年布鲁塞尔世博会支付了很多经费，这次展会融资出现了困难，最终不得不由国家下拨750万法郎用于补贴。此外，该市政府还从银行获得450万法郎贷款。同样的宣传攻势，25万张海报张贴在公共场所、港口和火车站，还发行了邮票和明信片，印制了《根特和世界博览会》的参观指南。在开幕的第一天，皇家农业文化和植物公司用鲜花把整个城市装点得美轮美奂，城市花香四溢，游客沉浸在盛大庆典的迷人气氛中。展会吸引了1100万游客，来自法国的人数就达到了150万。

依据传统，主办国的展馆最大，而根特是著名的织物和羊毛制品产地，高质量的丝绸、花边饰品以及各种优质纺织品和原料工艺在这里得到充分展示。铁路馆展出了比利时第一台机车，并对1835~1913年的发展历史进行了回顾；农业馆的"现代村"展出的挤牛奶机械尤其吸引观众；刚果也照例设置了展馆；法国馆展出了科技、农业、艺术和工业领域的成就；英国馆更关注于装饰艺术；而意大利和德国仅是象征性地参与了展出。根特世博会提升了比利时的国际地位，同时，根特的城市建设得到了极大的发展，著名的巧克力品牌利奥尼达斯（Leonidas）创始人利奥尼达斯·凯斯特莱德（Leonidas Kestelides）被这迷人的城市所吸引，在这里开启了他的巧克力王国。

在北加利福尼亚，旧金山（圣弗朗西斯科）是金融和文化中心，在这个城市，你可以找到一切所需，有美国最好的医学院，有著名的金门大桥，还有赫赫有名的硅谷。但是在1906年，一场大火和地震几乎摧毁了这里的一切。在灾难发生9年后，世博会为旧金山的发展提供了机遇，通过世博会，城市得到了飞跃式的发展。展会恰逢探险家巴尔博亚（Balboa）发现太平洋400周年，同时庆祝巴拿马运河的正式开通。

展会选址最终确定在城市北部海港区257公顷的空地。博览会最大最著名的标志性建筑物是"珍宝之塔"，上面装饰着数十万颗玻璃彩石，在建筑群中闪耀着太平洋特有的风情。建筑师和设计师联手开发了用石膏和麻纤维混合材料的建材应用于博览会的临时建筑中，其优点是易于成型并可快速安装。所有建筑统一在八种色彩范围，使之成为整体。同样，统一的色彩系统也应用于1500组雕塑和装饰壁画中，3万株进口植物、树木、花卉的点缀也遵循这个设计规范。照明系统得到了赞誉，精心隐藏的彩色聚光灯创造了神奇美妙的夜景照明。通过对建筑轮廓光的使用，勾勒出世博会建筑的主要特点，这一开创性的应用，不仅得到了主办方的认可，也为今后的世博会提供了良好的范例。另外，一艘安装了48个七彩聚光灯的驳船更是将灯光照明应用的恍如仙境，它利用当地多雾的气候，利用雾与聚光灯交织的反射效果，营造了海港科幻般的视觉感受。

机械宫是最大的展馆，展出了一台巨大的价值十万美元的彩色印刷机，用于打印世博会官方报纸。另外，还展示了鱼雷、潜艇、蒸汽机车、电梯以及各种电气设备。在26万平方米的娱乐区域，组织者从费城借来了"自由钟"供游人参观，为观众看手相的吉普赛人和用来俯瞰湾区的双翼飞机大受欢迎。晚上，游客们还可在享受晚餐的时候观看盛大的烟火表演，博览会所提供的各国美食也吸引着当地民众的兴致。

组织者对于旧金山超过两千家酒店进行管理，保证价格的稳定，并共享客房出租率，使得每一位游客都能有适合的住宿。世博会使得这个城市在经济、旅游、文化、基础建设等各方面都得到了发展，对旧金山无疑是正确的选择。

TOWER of JEWELS
PAN-PAC-INT. EXPOSITION
SAN FRANCISCO, 1915.

特别值得一提的是这届世博会中国政府的参展。当时的中国由北洋军阀控制，美国政府特邀中国派代表团参展，虽然国内政局动荡，但北洋军阀认为这是与国际社会接触的好机会，就此成立了专门的筹备巴拿马赛会事务局，政府拨款24万美元，任命国会议员陈琪专理参会事宜。

为了展现政府新貌，摆脱洋人眼中的旧有印象，精通英、德、法、俄、日等国语言，思想开通，得风气之先的陈琪以工商部名义下文各省，并在各省设立相应分支机构，征集能代表中国最高水准的展品参展。最终，从19个省征集了十余万件展品，至1914年冬季起运美国。

24万美元经费，要支付一切与参赛有关的支出实属不易，但是以陈琪为首的参展团队以展示中华风貌为己任，精心设计，并积极参与多方外交活动，赢得各国人士刮目相看。中国馆以传统宫廷建筑风格搭建，以正馆、东西偏馆、亭、塔、牌楼六种形式为展馆造型，雕梁画栋，飞檐拱壁，占地5万平方英尺，众多精美展品分9个陈列馆展出。

　　据中国《1915万国博览会游记》（上海商务印书馆，1916年版）记载，中国展品最终共获奖牌和奖状1211个，位列参展国第一，其中，获大奖章57个，荣誉奖章74个，金牌258个，银牌337个，铜牌258个，鼓励奖227个。中国的茶叶、白酒、丝绸、桐油更是通过此次参展名扬世界。

　　这届世博会之后，中国商品出口也随之大幅提升，这次参展使中国获得了很多国际商贸方面的有益经验，在中国外贸史上具有重大意义。可以说，1915年世博会是中华人民共和国成立前，中国最成功的一次参展经历。

1929
Barcelona

由于没有受到一次世界大战的波及，在20世纪初期的30年代，西班牙巴塞罗那地区人口达到了100万，加泰罗尼亚成为西班牙最繁华的经济区域。安定的社会环境使加泰罗尼亚的政府精英想重现1888年世博会的盛况。1926年项目获批。

博览会确定了3个方面的主题：工业、体育和艺术。约瑟普·普吉·卡达法尔克（Josep Puigi Cadafalch）和路易斯·多梅内奇·蒙塔纳（Luis Domenechi Montaner）被任命为首席建筑师。展览的主轴线从西班牙广场延伸至美洲大道，宏伟的建筑于"魔法喷泉"和阿方佐、维多利亚宫终止，大道两侧的喷泉、宫殿建筑被装饰一新，在中心广场，矗立了一座光之塔的艺术品。一座里程碑式的建筑——西班牙宫于1926年完工用于展会的主要场所，宫殿高20米，被巴洛克式柱廊所环抱，占地32000平方米，建筑的中部有一个巨大的圆顶，两座钟楼分立在美洲大道广场两侧。在展会2万平方米的公众娱乐区，工程师、考古学家、景观设计师和建筑师通力合作，在116座建筑上充分表现出西班牙中世纪、文艺复兴时期和巴洛克建筑时代等不同建筑特点，使观众得以充分体会到西班牙丰富的文化历史。

第二次举办世博会给巴塞罗那带来了更大的发展，很多建筑得以翻新或重建。第一条地铁开通，电力系统得到更新，基础设施得到极大提升，城市环境更加宜人。

在芝加哥举办历史上第二次世博会的那一刻，作为殖民地而建立起来的城市已经过去100年了，它发展成了整个中西部的杰出代表，一望无际的田野，蕴藏着丰富的煤炭和石油资源，广袤的森林和湖泊，使其有着其他地方所不可比拟的自然优势。组织者希望观众能通过世博会看到100年来科技发展给人类带来的变化和对未来的展望。在开幕式上，天文台的科学家利用天文望远镜所观测到的40光年远的Arcturus星球的光信号转换成能量启动了点火开关，点燃了世博会的开幕火炬，500名穿着传统服装和40名持有各国国旗的队伍进行了开幕游行表演。新市长爱德华·凯利（Edward Kelly）对这一天文和技术相结合的开幕式大加赞赏，并预祝世博会带给人类更美好的幻想。这一开幕式形式也延续下来，应用于以后的世博会中。

这届世博会完全以民间筹资形式建设，伊利诺斯公司发起成立基金，任何人都可以捐款，创始会员1000美金，支持会员50美金。到1929年2月5日共筹集到5万美金时，国会授权胡佛（Hoover）总统发布邀请函，邀请世界各国来参加世博会。组织者决定对展示方式进行改革，以主题区分，将商品分类进行展示，各国国家馆

则主要是以展示国家形象和旅游资源为主。随着商业规则制定，进口商品开始被征收高额的关税，但跨国公司通过精美的产品设计，良好的展示效果在世博会上的影响力也越来越大。娱乐区依然是必不可少的组成部分，为儿童建造的微型铁路、旋转木马以及儿童图书馆的使用使世博会成为良好的教育体系的延伸。而供成人出入的大型俱乐部、歌舞厅、赌场也出现在娱乐区，最终有些场所由于违反规定而被停业。由于车辆的普及，世博会历史上第一个停车场出现了，满载游客的灰狗巴士及各种小汽车、人力车进进出出，与乘坐轮船、火车到达的观众一道涌进世博会。

出于节约成本的考虑，组织者避免征用更多的土地，同时请设计师建造多层建筑，利用钢架结构进行快速组装，在墙体上大量使用石棉、石膏板等新型建材，在造型上拒绝过多的装饰，摒弃繁复的门窗轮廓雕塑式的工艺，更多地引进现代欧洲包豪斯设计思想及新装饰艺术风格，这对美国建筑行业的发展产生了积极影响。照明应用得到发展，4000台投影仪应用于建筑物，16米高的瀑布布置了1400米的霓虹灯，配合24台旋转投影灯和水下照明使世博会景观照明精彩纷呈，西屋电气和通用

电气通过世博会的照明系统的展示，成功为企业打响了品牌，也使霓虹灯成为一种主流装饰用灯。福特公司建造了长270米，宽70米的展馆，并在这里展示了它现代化的汽车生产装配线车间。

芝加哥世博会在美国面临经济萧条威胁的时候举办，通过节约成本，引进大企业参展，很好地完成了预期目标，展会结束后，芝加哥政府将这里改造成了自然公园。

1935年是比利时第一条铁路开通100年，其扶持的"刚果自由国"建国50年。全球经济陷入衰退，国际政治进入动荡期，德国纳粹势力日益增长，与苏联的敌对日益加剧，使得这两个国家都没有兴趣参加世博会，美国、日本也兴趣索然。布鲁塞尔世博会主办方希望借此推动经济发展促进就业，同时也希望能够为国际和平带来动力。

展区占地总面积约146公顷，包括几个风景如画的湖泊。约瑟夫·凡纳（Joseph Van Neck）是这次世博会的主要设计师。展区总体规划是沿着中央街区的两侧设置参展国国家馆，在街区前段进行景观建设，晚间，建筑物和喷泉利用照明营造出一种具有阿拉伯神秘色彩的空间氛围。一条电车线路铺设在园区里将园区的两端连接起来。参展国的展馆设计在突出民族特点的基础上注重加入更多直线式的现代表现手法，最典型的就是意大利馆以四根巨大的抽象直线

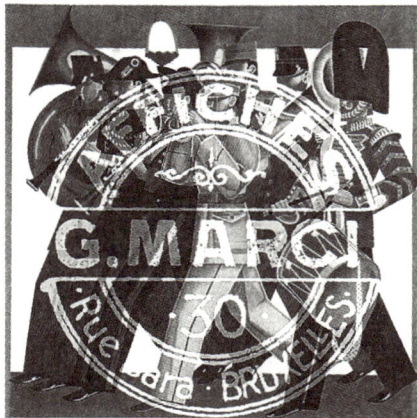

VILLE DE BRUXELLES
FESTIVAL INTERNATIONAL
DES GARDES

LE 7 JUIN, RETRAITE A TRAVERS LA VILLE
LE 8 JUIN, HALL DU CINQUANTENAIRE A 20 H
PREMIÈRE AUDITION D'ENSEMBLE
LE 9 JUIN, HALL DU CINQUANTENAIRE A 20 H
DEUXIÈME AUDITION D'ENSEMBLE
PAR LE COLLÈGE   LE COLLÈGE
LE SECRÉTAIRE   ADOLPHE MAX
J. PUTZEYS
LOCATION : PALAIS DES BEAUX-ARTS DE 11 A 17 HEURES
EXPOSITION UNIVERSELLE 1935

立柱与直边的长方形建筑所构成，似乎迎合了展馆内出于政治需要所展示的大量法西斯政权的意念表达。欧洲的小国家则比较温和的体现民主趋势，力图追求所需要的功能需求。中东的埃及、巴勒斯坦等国家则注重其传统风格的表达。约瑟夫·凡纳设计的大宫令人印象深刻，它是一个具有古典门面的金字塔形的混合体建筑，结构上利用工程师路易斯·巴斯（Louis Baes）的方法创造了三拱跨度达86米，30米高的无柱室内空间。

展项方面，世博会的展示重点逐步转向消费品，许多国家都陈列展示其工业和手工艺制品，特别是具有本国特色

的商品，比如芬兰馆展示他们设计出色的家具、家用电器；瑞士馆展出他们的手表制作工艺；巴西馆展示他们香浓的咖啡；埃及及刚果则更倾向于展示他们的旅游特色产品。

为吸引大量观众参观，组织者还建设了新的娱乐园区，里面设置了类似印度村庄、非洲集市、摩洛哥民居的民族建筑，以民俗表演和游行招揽游客。规划起到了良好的作用，2000万人参观了世博会，在经济困难时期，这届世博会为改善比利时的经济状况起到了拉动作用。宏伟的宫殿建筑多数得到了保留，并在1958年再次举办世博会的时候得到了再利用，直至今日，这个地区依然是布鲁塞尔主要的展览和娱乐集中地。

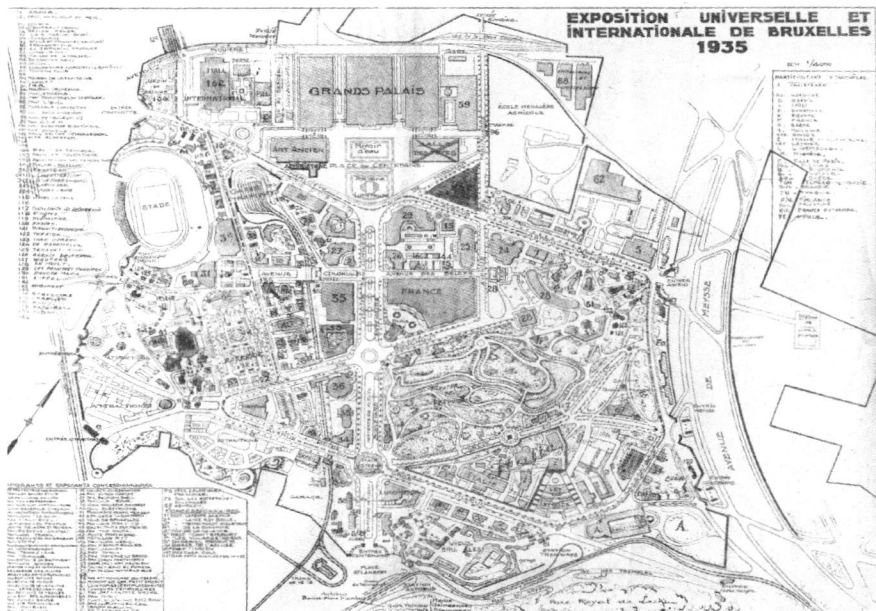

EXPOSITION UNIVERSELLE ET INTERNATIONALE DE BRUXELLES 1935

在20世纪30年代，瑞典着重发展它的航空业，到1936年斯德哥尔摩举办世博会的时候，已经建成了多条机场跑道，开通定期的国内、国际航班，因此，这届世博会以展示飞机航空设备以及空中运输、机场后期保障的各类技术研究成果为主。

在林达安根（Lindarangen）机场，两个巨大的新展厅建立起来，其中最大的厅长60米，宽25米，高8米，全部用木材建设；另一个厅长50米，宽10米，高4米。德国航空业以前所未有的规模成为最大的参展国；英国、芬兰、波兰、斯洛伐克、捷克、加拿大、荷兰等国也参加了展出。波兰展出了一只热气球和三架飞机，战争使波兰航空业对军事需求兴趣极大，并尝试使用更多的热气球作为运输工具。英国展出了双引擎的低翼飞机，劳斯莱斯、罗尔斯罗伊斯等知名企业展出了航空发动机；观众还可以看到芬兰的教练机，荷兰的CX型侦察机以及瑞典从飞机制造到航空铝材、配套设备的展示。其他国家则比较多地宣传民用航空公司，以展示现代航空所带来的服务为主要宣传理念。现在，在瑞典空军博物馆还能看到很多当年世博会展出的模型和资料。

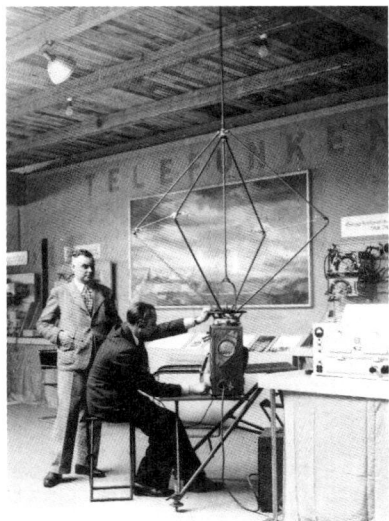

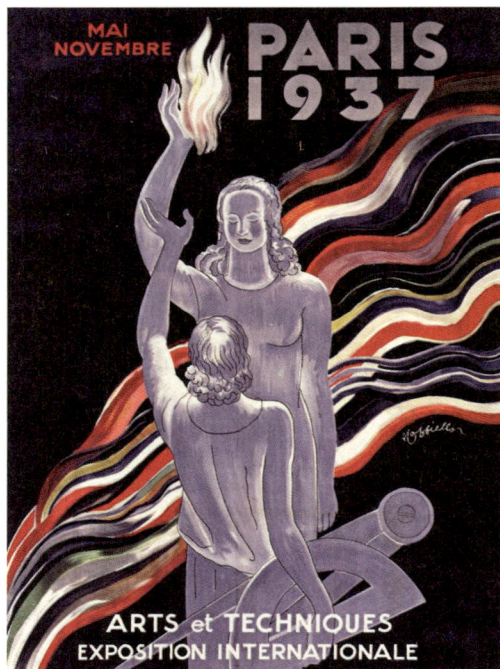

1937年世博会是巴黎举办的第五次世博会，也成为迄今（2019年）为止举办的最后一次。一次世界大战已经过去了20年，然而，可怕的战争又一次逼近，巴黎希望通过世博会来尝试推动欧洲的和平。

组织者努力确保项目实施的顺利，但显而易见，分裂现象出现了。巴黎与国内省份之间、法国与他的殖民地之间、国家和国家之间，直至社会主义与资本主义、法西斯政权与民主之间，甚至影响到艺术与科学之间，相互间的矛盾越来越难以弥合，虽然世博会的组织者希望反映和平与进步，但遗憾的是，仅仅3年后巴黎被纳粹占领。

当时的巴黎虽然在经济和政治领域失去了领导地位，但巴黎在文化和美学领域依然保持领先。法国人希望通过举办新一届世博会来加强和确认其文化的领导权。但是由于经济萧条，加上抽象艺术并没受到广泛欢迎，艺术家们的生活境遇不佳，组织者通过订购718幅壁画和雇佣艺术家来对外界传递支持艺术的信号，但这微弱

的信息并没带来积极的回应。

世博会的主题是"现代生活中的艺术与科技"。组织者的出发点是：艺术和科学的重要性源于它们的公共用途，因此，它们在日常生活中的使用价值才是第一位的。展会的筹备工作进展缓慢，开幕日期多次推迟，工人们并不理会漂亮的口号，他们要求政府能够解决他们生活的实际需求。

组织者希望1937年的世博会之后能成为一个现代艺术展示场所，在拆除旧有建筑时引起了争论，最终新的建筑保留了原建筑的一些特点。早在19世纪，艺术家是不屑于参加法国国家展览的，他们认为那是一种圈养的艺术，而更愿意在每年或两年一次的艺术沙龙上展示自己的作品，他们追求的是精神层面的纯粹的艺术美学。然后到1855年左右，艺术家开始与商业结合，虽然在拿到诸如世博会金奖的时候还是有些纠结于无法与沙龙奖项相比较，但毕竟是荣誉的象征。在这届世博会上，最著名的作品是西班牙馆展出的毕加索作品《格尔尼卡》，画面具有强烈的反战意识。但从当时的政治背景看，艺术成为民族主义者的宣传工具，每个参展国都在通过不同的艺术表现形式向世界展示自己的政治、经济制度的优势。尽管主办国还在努力呈现其美丽、艺术的国家，但政治主导一切。意大利馆要表达一种强有力领导者统治下国家欣欣向荣的风貌。苏

联馆外的则雕塑透露出明显的对抗，一尊手持锤子和镰刀的工人和女人形象雕塑正对着德国馆的鹰和"卍"标识的浮雕。

1937年11月世博会结束，共有3400万游客参观了展会，财政目标得以实现，但敌意的气氛冲淡了先进科技和精美展品带给人的美好，几乎所有的国家都对参观者充满着不信任，展馆禁止拍照，国家间的对立形式前所未有。

1938
Helsinki

芬兰在1938年5月14～22日于赫尔辛基举办了第二次的航空类博览会。得益于该国得天独厚的地理位置，航空业作为其主要运输途径，使其飞机工业取得了重大进展。特别是在军用航空领域，随着欧洲局势的不稳定，设计、建

造行业的贸易额显著增长。世博会在Messnhall展场举办，总面积达8000平方米。展出内容涵盖了航空系统的方方面面，军用航空是其重要一项。从技术角度讲，展览带来了很多先进的航空研究成果，尤其是涌现出多家优秀的航空发动机生产企业，为推动航空业的发展打下坚实的基础。

展会本身组织得当，展馆建筑考虑到后期利用，并在1952年举办夏季奥运会时发挥了作用。

1939年国际展览局同时在欧洲和美洲确认了两个许可类（注：分类详见112页）的世博会。列日世博会是以水为主题，在列日Monsin岛开幕，同时也是为庆祝艾伯特运河的正式开航。展区占地70公顷的陆地面积和30公顷的水域面积，无数的喷泉构建了一个水中花园。列日得以利用这次机会完成了新的城市发展规划，连接布鲁塞尔的高速公路也得以贯通。

展览的目的是突出水作为一种有效能源，为人类提供发展与合作的愿景。一个全尺寸复制的村庄建立在园区，里面有教堂、广场及30家啤酒厂商，代表着其特色的文化遗产的传承。游客们可以漫步在桥梁、乡村，并乘坐连接的火车往来。水上剧场使用了先进的灯光和照明技术。组织者还举办了帆船、游泳、滑冰等水上运动的表演吸引观众。列日世博会是在欧洲战争爆发前的最后一届，国家间关系非常紧张，很多接受邀请的国家都未能出席，参展国的展馆都倾向于表达国家意愿，德国和法国是最主要的参展国。展览原计划从5月持续到11月，然而，战争爆发了，纳粹德国入侵波兰，主办方不得不在9月2日作出了关闭的决定。

而在彼岸的纽约世博会则被延伸成两季，分别是1939年4月30日～10月31日，以及1940年5月11日～10月27日。由于银行家和政治家对举办世博会利润的预期一致，16家曼哈顿银行联合贷款160万美元启动了此项目。这一年也是为纪念乔治·华盛顿总统在纽约就职150周年。项目选址在皇后区一个荒凉的垃圾填埋场，组织者希望借机将此地规划成市区的一部分。建设涉及超过100公里的道路、200栋建筑，种植了1万余棵树木及200万棵各类灌木。组织者颁发了76家店铺的特许经营，1500家合作伙伴及310家餐饮企业，接待了来自58个国家和33个州的参观者。

展会的主题是"建设明天的世界"。大型企业吸引了关注着的目光，从项

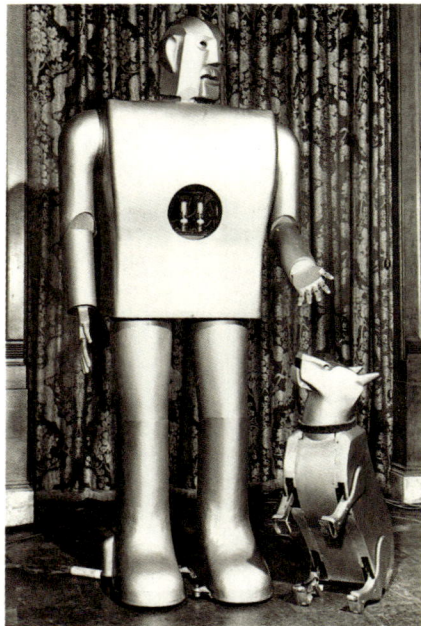

目规划到后期运营，大企业的利益都被特殊关照。组织者成立了一个设计委员会，对展馆的设计方案和景观方案有最终决定权，使得建筑风格和色彩系统得到统一。博览会按照规划进行主题分区，引导观众根据自己的需求进行选择参观。在园区中心，组织者选择了一组由三角形和圆形为基础结构的建筑体作为地标，这座让人联想到艾菲尔铁塔的高层尖塔三角锥体从很远的曼哈顿区和布鲁克林区就能看到。而圆形建筑直径55米，周长192米，通过当时世界最长的自动扶梯进入，人们可以观赏展示人类未来100年的发展愿景。通用汽车馆整合一个1960年代的城市生活景观，可以看到干净整洁、绿树成荫的街区，自动化的公路系统，让观众对未来生活充

满了乐观情绪。在通信展区，美国航空公司与美国电话电报集团合作，展出未来太空通信领域的发展规划。外国馆则通过各自的民族特点来吸引观众，民族音乐、特色美食、精美的纺织品不计其数。意大利馆在一个瀑布之端放置了一尊罗马女神雕像，其艺术美感令人难忘，但随即在1940年，意大利由于加入战争展馆被关闭。

在第一季结束时，观众人数没有达到组织者的预期，于是，投资方在第二季对展览进行了简化，主题馆被废除，部分建筑用于租赁以控制开支。

第二次世界大战在许多方面影响了世博会。随着1940年欧洲战事的升级，部分国家馆在第一季结束后就被拆除了，而第二季的主题也随之更倾向于爱国主题表达。参展国尽量将重点放在对展品细节的表现，但由于国际政治威胁、人类的不团结使得一切的努力都分崩离析。

1949年在太子港建立二百周年的时候，国际展览局批准该市举办了一届小世博会。总统埃斯蒂梅（Estimé）承诺将投入400万美元（约占海地年度预算的3/4）用于项目建设以促进当地经济。政府规划了60亩土地，沿着Gonave海湾延伸2英里的区域种植了高大的棕榈树、椰子树，平整了公园。一位来自纽约的建筑师费迪南德·施米迪根（Ferdinand Schmiedigen）负责项目监督。灰白相间、具有新艺术风格的建筑沿着林荫大道排列展开，外墙上装饰着五彩缤纷的

反映海地人民生活的壁画。中央花园的激光音乐喷泉放置了许多雕塑，西屋电气公司的技术人员把他们在纽约世博会上运用的科技进行升级，将特效应用于表演中。

展区包括了农业、艺术和民俗娱乐区。1949年12月8日的开幕式上，美国总统打电报予以祝贺，并派出美国第九空军中队的B-29飞机进行了飞行表演，

美国海军陆战队士兵参加了开幕游行，但国际馆展区直到1959年2月12日才正式开馆，总统携夫人出席了特地举行的第二次开幕式，并参观了美国馆。古巴、法国、委内瑞拉、危地马拉、意大利、墨西哥、阿根廷等国参加展出，梵蒂冈建设了一个小型教堂以示对展会的支持。

当地民族特色的舞蹈、戏剧以及各种艺术品和工艺品吸引了参观者的目光。游客们还可以漫步在植物园和香蕉、剑麻种植园，体验斗鸡场，欣赏热带鱼展示，一切如嘉年华般的展演给人们留下兴奋的记忆。

尽管展会主题是"和平的节日"，海地与邻国多米尼加的关系也保持稳定，但由于海地自身持续的政治冲突，最终只有25万人来参观世博会，未能实现组织者的目标。不过，通过举办这次世博会，政府创造了新的就业机会，修建了道路，办公建筑得到了翻修，基础设施得到了提升，海地人民的精神面貌得以凝聚。

可惜的是，2010年1月12日，海地发生了一次大地震，摧毁了当地大部分建筑，包括当年世博会留下的宫殿和教堂。

佩尔·亨利·林格（Per Henrik Ling）建立了系统的体操教学方法，并创建了体育医学的理论研究机构，为现代运动医疗项目的发展作出突出贡献。

1949年同期，在欧洲的斯德哥尔摩，借助第二届世界体操大会的契机，瑞典政府举办了以物理、教育领域为交流项目的小型世博会，这是为继承1939年在此地举办的第一届世界体操大会的影响力，旨在唤醒人们运动的兴趣，促进健康的专题展会，开幕式的团体操表演令人感动，体现了人类间相互团结的愿望。

纺织业一直在法国经济中占有重要地位，为促进法国与国际纺织工业的交流。1951年纺织类世博会的举办地定在交通便利的里尔。

1951年4月28日，里尔成为了全球纺织工业的焦点，有22个国家参加世博会，展示了棉花、丝绸、黄麻以及合成纤维等各式各样的纺织品。在丝绸大厅，有着世界丝绸之都美誉的里昂展示了它精美的丝织品，同样，法国的羊毛制品也令人印象深刻。展览组织了不同主题的活动和论坛，旨在相互讨论行业新的研究成果。来自英国、德国、丹麦、瑞典、瑞士及比利时的纺织机械制造商与法国本土的企业一起展示了先进的纺织机械设备。时至今日，像比利时Picanol N.V这样的企业依然是行业内的佼佼者。

从1951年这一届世博会开始，里尔国际纺织展览会成为每四年一届的世界上最大的专业性国际贸易博览会，为参展国家提供了良好的交流机会。

意大利在1952年向国际展览局注册了以农业为主题的专业性世博会，这也是第二次世界大战以后，在罗马举行的第一次重要国际盛事。选择农业主题是组织者希望突出人们日常生活的意义，以表达对和平的祝福。

法国、德国、荷兰、丹麦、澳大利亚等国参加了展示。帕维亚的稻田、米兰和西西里岛的橘树、伦巴第和托斯卡纳的农作物成为意大利馆展出的重点。展示共分25个不同部分，涉及农业、制造业等各个方面。展览还以时间为轴，回顾1820～1920年期间农业机械的发展历程。意大利营养与畜牧业协会、劳动和社会保障部、卫生部及其他政府部门通力合作，使展馆规模达到了29个馆。

1954年5月15日~10月15日在意大利那不勒斯举办了国际航运为主题的专业性世博会，展出内容包括陆海空应用的全球导航技术、仪器设备等，还有海上食品运输以及与海洋活动有关的各类运动项目。其中对于意大利渔业发展和人类饮食文化具有重要意义的是所展出的鱼类、海鲜的捕捉技术和保鲜储运的产业创新。组织者还举办了有关导航和海事主题的专题会议，而所穿插的各国航海史及民间传说展示使得会议有了轻松的谈资。

EXPOSITION INTERNATIONALE DE LA NAVIGATION

NAPOLI 1954
maggio ottobre 1954

MOSTRA D'OLTREMARE

展会除了吸引专业人士和商家外，为吸引游客，组织者还在地中海剧场提供了各种戏剧、音乐会和比赛，开放了广场上色彩斑斓的喷泉灯光秀，那不勒斯动物园也对游人开放，使游人可以欣赏奇异动物以及参加滑冰等娱乐项目。

至今，这个占地110万平方米的展览场地依然保留着剧院、大厦和喷泉等建筑物。

1955年6月10日～8月28日，以讨论人类环境、表达时代需求的消费类家居用品的专题性世博会在瑞典赫尔辛堡开幕。出于对预算的考虑，展览会场址选在该市港区狭长的防洪堤上，如何克服风浪的影响对设计师是个挑战。组织机构包括施工管理部、住房部、计划部、海洋局、财政委员会、旅游部等多个部门。展览的规划是以"现代环境中的人"为展示内容。

出计划和实施方案。战后的世界，各国在艺术和工业领域的交流越来越密切，这次展会良好地体现出这一新趋势。斯堪的纳维亚国家产业组织、德国设计委员会、英国工业设计协会、美国现代艺术博物馆、意大利三年展博物馆、瑞士民间哈伯斯社团以及法国工匠和艺术沙龙等机构受邀集中在一起进行了展示交流。

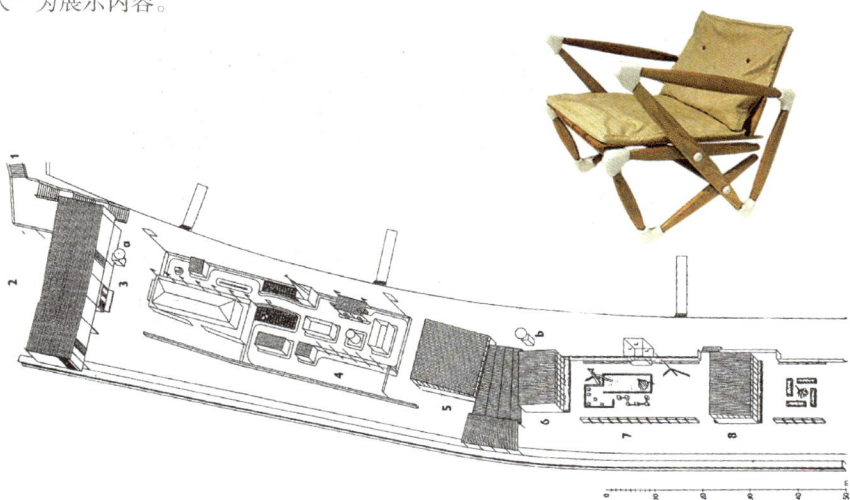

卡尔-阿克塞尔·艾丁（Carl-Axel Acking）作为建筑设计负责人，阿恩·荣格（Arne Ljung）作为施工协调负责人，建设承包商集中了赫尔辛堡最有经验的三家建筑商。施工于1954年10月开始，冬季和劳动力短缺使项目进展艰难，但承包商还是克服困难按时间进度完成了建设。

主办方召开了各种筹备会议并制定了详细的参展指南，以指导参展者的展

法国是第一个确认参展的国家，英国、瑞士、德国以及日本、丹麦、芬兰和瑞士组成了国际馆，其中，日本馆以其东方特色成为游人最想探知的热门

馆。展会提出的现代主义住宅建设的技术革新和新型材料的应用使得建筑和室内设计师们更加注重适应人们现代生活的需求。瑞典建筑师协会建造了一座名为"瑞典之家"的展馆，通过设计图和模型展示了住宅空间规划和单元房屋的发展计划。观众可以参观不同类型的建筑物以及使用的各类建材。其中包括一间易于收纳的自由布局空间的公寓、一套布局合理功能齐全的小型套房以及适合市区环境的城市别墅等。芬兰设计工作室所呈现的小区公寓项目引人注目，它有着完备的生活陈设，适合现代快节奏的生活所需。

伴随着体育产业的兴起，1955
年5月25日至6月19日，都灵举办了
以国际体育为主题的世博会，参展
国来自国际奥组委的成员国。来自
奥地利、埃及、希腊、卢森堡、波
兰、苏联、南斯拉夫以及意大利的
体育机构参与了展出。展示涉及体
育的方方面面，并从体育运动本身扩展到与之相关的文学、建筑、医学、艺术及教
育等，组织者还举办了国际体育电影节。瑞士体育博物馆提供了一系列与体育有关
的珍贵历史文献资料。奥组委展出了有关奥运会的创始人顾拜旦的相关文物以及奥
运会的发展历程史料，这其中提到了1900年巴黎、1904年圣路易斯的奥运会是与世
博会同时举办的。意大利和希腊都以实物模型的方式展示了其建设的体育展馆和许
多创新的体育项目，如赛车、航空飞行等。

通过展览会，组织者希望利用电影、媒体、以及艺术的方式使人们越来越关注
到体育已经成为人类生活方式的重要组成部分。

1957年7月6日，有关国际建筑的专题类世博会在毗邻汉莎的柏林一侧开幕。当时，大量涌现的苏联社会主义风格的建筑让西柏林人很震惊，他们希望利用展会的机会来展示新的、具有民主精神的面貌，因此，建筑物和街道被重新进行设计规划。

在城市南部，拆除了旧军营式的公寓楼，重建成具有大框架结构体的建筑群，规划了公共公园。整体项目改造工程邀请了13个国家的50多位建筑师来出

谋划策，包括德国包豪斯学派的创始人沃尔特·格罗皮乌斯（Walter Gropius）。民居建筑部分由160个住宅单元组成，以不同密度组合分布在中心主广场周边，建筑类型分为三大类：第一类是一个或两个连体独栋类房屋，第二类是排屋，是长方形的四层至十层的组合形式建筑，这类排屋不需要复杂的施工工艺，以经济性建设为特色，为了避免单调，设计师在造型中加入了些许具有艺术特色的结构造型。第三类是以块状组团为主的建筑体，在方形布局中，集中规划楼梯或电梯的空间，突破了以往的设计规范形式。

作为1957年世博会规划的一部分，世界文化馆由美国著名建筑师休·斯塔宾斯（Hugh Stubbins）设计，成为美国对战后欧洲实施马歇尔援助计划的象征，建筑包含了一个锥形屋顶的音乐厅。柯布西耶（Corbusier）公寓是遗留下来的一件遗产，它有530个公寓单元，17层高，10个入口，层间天花板的高度为2.5米，这与当时通行的建筑标准并不一致。

在今天看来，这届展会所要表达的安全和环保的概念许多是过时的，但这是那个特殊时代对人们居住环境的一种探索。在1995年德国统一后，这里的建筑物和花园被宣布为国家历史遗迹。

1958年4月17日～10月19日，布鲁塞尔国际展览馆向4200万参观者开放，这是继1939年纽约世博会后的第一次综合类世博会，也是自1937年以来的第一次真正意义的世博会。这一届世博会最著名的建筑物就是原子塔，标志着世界和平时期的重新回归。

比利时政府曾希望在1947年或1955年举办世博会，但冷战以及朝鲜战争的开始，扰乱了国际金融市场和政治格局，从而使这一计划推迟到1958年。美苏两个超级大国的冷战局面在这届世博会上表露无遗，从展馆面积以及相邻国家馆的选择自然区分出两个阵营，而馆内所体现的政治宣传体系也反映出一种对立。其他与会者则更多的希望科学家和工程师们以展会的契机讨论和制定和平利用核能，发展能源经济，促进国际市场融合的策略。

展区用地包括了皇家Heyse公园近500亩的草场以及国际展览馆，动用了15000名比利时及国外的建筑工人。范·格特姆（M.Van Goethem）作为总建筑师负责整体规划。主展厅以现代设计风格强调其结构的变化，以视觉上挑战重力的感官。许多展馆都以新颖的造型引人注目，德国馆类似一条狭长的项链，美国馆像一只快乐的饮料瓶，苏联馆类似冰箱的造型，而土木工程馆的建筑则像一只鸟的嘴部，飞利浦馆看起来像一个折叠帐篷。

原子塔是世博会核心的象征，也因此成为布鲁塞尔的标志建筑。它代表了一个基本铁晶体内部的9个原子，按比例放大1650亿倍。重量达2400吨，102米高，每个空心金属球体的直径为18米。在最初建设时表面覆盖着铝板，在2006年翻新的时候改用了不锈钢材质。

  美国馆内华纳迪士尼出品的360°环幕电影大受欢迎，苏联则通过人造卫星的展示讲述其40年来的科技进步。除了两大超级大国展现力量，德国、日本、意大利三个战败国也希望借此机会恢复其国际形象。小巧的德国馆没有像以前纳粹时期那样强调德国的强大，而是着重展现德国人民对幸福、友好和自由生活的渴望。日本紧邻德国馆，建造了一个木制和玻璃相结合的展馆，展示了它的开放性。在和平利用核能源方面，比利时展示了最新的核电反应堆，并预计于1960年建设，美、英、法、苏也推出了他们在这方面的发展成果。

  展会还提供了各种各样的娱乐项目，游客可以漫步于重建的1900年代的比利时村庄和花园中，也可以放松于众多的酒馆和夜总会。在游乐园，游客可以体验星际旅行，模拟前往火星，可以看到飞行汽车，试驾利用离心力驱动的车辆以及其他有趣的技术设备。

组织者希望通过展览展示意大利经济扩张的潜力，在注重传统的同时，藉由科技进步带来更高效的工作成果。每个参展国都提供了他们在这100年间卓有成效的技术革命成果，使得1961年展览会成为全球最有影响力的技术进步的助推器。

展览的建筑师团队吉奥·庞帝（Gio Ponti）、皮尔·路易吉（Pier Luigi）和安东尼奥·奈尔维（Antonio Nervi）负责展览馆的设计，他们着重于室内空间

1961年是意大利统一的百年纪念，都灵申办了一届专题类世博会来纪念这一时刻，主题为"人类的工作"，目的是对过去100年来文明发展和成就予以回顾。23个国家和国际组织以及30多家意大利最大的企业获邀参展。都灵曾是文艺复兴的摇篮，是意大利历史运动的中心，在意大利的统一事件中起到了重要作用。在二十世纪初，都灵是意大利最重要的工业中心。

的功能使用，16根高26米的立柱支撑起一个面宽160米的正方形结构空间。

展示空间分为中央和外围部分，意大利展区位于中央部分，总面积达4000平方米，用镜面不锈钢的面板与其他展区进行空间分割，同时预留足够宽阔的通道供游客浏览展出内容。展馆外立面用大理石、水泥、钢铁和玻璃建造，隔断墙由铝框架和透明玻璃嵌板制成。整体建筑设计理念在当时来讲很超前，结构工程师吉安卡洛·波齐（Giancalo

Pozzi）的加入以及工程师朱塞佩·维特索（Giuseppe Vertsoe）的指导，使之成为一项了不起的建筑项目。

展厅还设有两个独立的功能厅，分别配备400席和200席的座位，有完善的音视频系统及同声传译系统，用来放映电影和举办会议。展厅空间内部安装有七部速度达0.45米/秒的自动扶梯，每小

时可运载4000人。

这一百年来，能源成为人类文明进步的先决条件，欧洲在这方面联合展示了合理利用资源的成果以及最新的科技。水力发电、潮汐发电的研究报告集中于专业领域的探索，煤炭、天然气、石油、太阳能和核能的开发利用更贴近生活的需求，成为这次展览的主旋律。

英国馆展示了各种各样的展品，从核能反应堆到医学人体器官的移植技术、从造船到飞机自动驾驶系统，体现其对20世纪科学进步所作出的贡献。美

国馆则重点展示其在通信、信息领域的最新科技成果，其中一个模拟人类大脑如何接收图像和声音，并如何处理信息作出反应的互动装置非常吸引人，观众通过其彩灯闪烁的过程和频率直观感受到大脑与耳朵、眼睛是如何经神经系统协调工作的。另外，离子通信技术、远程信息控制技术以及各类应用于交通、空中信息传递技术的新科技成为改变人类进程的重要推动力，而最先进的卫星通信技术使人类对探索未知世界充满了期盼。阿根廷馆选择展示其农业发展和成就，该国的农业机械化领域的发展得到了全世界的瞩目。瑞士馆选择"工作环境"作为展示主题，匈牙利聚焦"工艺制造"，墨西哥馆展示其"城市规划"，法国馆展出了以自然世界为观察对象所提取的仿生学的成功案例。

在娱乐区，影厅面积达1500平方米，可容纳1000人观看，展示了直径达32米的迪士尼360°环幕电影，环幕的高度达12米，放映的是由菲亚特赞助拍摄的热那亚海港和维苏威火山壮丽的景色，其震撼程度得到观众的热烈反响。

展览成功吸引了400万游客，都灵的基础设施也得以改善，一个城市新区就此建立起来。

1962西雅图世博会是二战后世博会真正恢复到鼎盛时期的一个佐证，没有人能预见达到了1000万的观众量。市议员罗切斯特（Al Rochester）敏锐地意识到世博会能带来的益处，他从50年代中期开始就努力推动申办工作，终于得到了市一级政府和华盛顿政府的最终支持，这使得西雅图在基础设施和国际经济关系的发展方面有了政府资源的保障。

在20世纪中叶的美国，人们普遍认为举办一场博览会是克服经济和文化停滞的一个非常有效的办法，在西雅图举办世博会无疑可以开辟新的市场，刺激旅游业的发展，组织者希望在展会后这里能成为一个包括剧院、博物馆和体育场馆的文化中心；同时，还有助于提升西雅图在美国城市中的形象，增强其仅仅依靠波音公司而赢来的城市声誉。

在1957年，凭着有强有力的广告宣传和公众预期，债券基金会发行的750万美元募集资金得以顺利到位。组委会开始运转，主题确定为面向21世纪的科学、太空探索和未来发展。场馆的选址最终确定在靠近市中心的Queen Anne Hill。福特汽车、波音公司、贝尔集团投入资金支持这届世博会，美国政府也拨款39万美元建立了一个以NASA为主题的科学展览馆，即现在的太平洋科学研究中心。

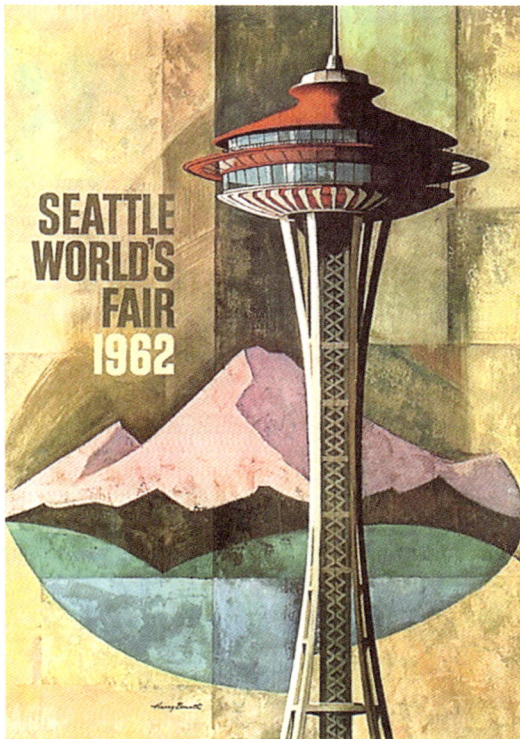

保罗·瑟利（Paul Thiry）被任命为首席设计师，他所设计的华盛顿国家馆引人注目。而世博会上成为视觉中心的是由设计师约翰·格拉汉姆（John Graham）和维克多·斯坦·布鲁（Victor Stein brue）设计的太空针馆，在当时，它的高度和高架之上的旋转餐厅给建设带来了挑战，最终，方案得以顺利实施，这一具有未来感的建筑物至今仍是西雅图必游的景点之一。

博览会的主要目的是展示21世纪的生活愿景。有规划的智能城市、远程控制的家电、未来的教育体系等等，让观众看到一种追求工作与休闲之间平衡的生活状态，回顾过去，展望未来，使观众沉浸在一种有趣的体验中。

市政府给予全力支持，在交通和城市公共网络等方面予以保障，同时还建造了一座具有实用功能的电力馆，通过一座高达40英尺的水力发电大坝为会场提供充足的电力。

1962年4月，一场豪华的开幕式拉开序幕，10个空军中队的102架飞机进行了表演，百钟齐鸣，2000个气球同时升空，超级摇滚巨星"猫王"现场表演，贵宾如织，许多国家派代表出席了庆典。到10月21日展会结束，近千万的参观者记录使西雅图世博会成为当时最成功的博览会，而周密、细致的规划也成为世博会筹备工作的学习典范。

1964年为了纪念建城300周年，纽约又一次举办了世界博览会。虽然主题的格调高雅——"通过理解走向和平"，然而过于浓重的商业气氛，使观众驻足不前，失去了纪念活动的意义。不过，一些改变人们生活的新科技借此走入了市场。

1965年慕尼黑展览中心迎来了以交通运输为主题的专业性世博会，共有36个国家参加。随着全球经济的发展，运输对社会的重要性显而易见，展厅里展示了各种交通工具，船舶、铁路、航空、航天以及涉及人与交通主题的方方面面。

为筹备这届世博会，组织者在1964年组建了慕尼黑交易会展览有限公司，首席执行官接任了对船运、铁路运输方面协调的IVA组织。在展品方面，展出了将在欧洲开通的，时速达200公里/小时的欧洲快车运营专线。航天技术也是这届世博会展出的重要特色，在美苏竞争的人类太空飞行时代，航天航空具有特殊的政治意义。1965年2月，美国的无人火箭降落在月球表面，观众可以在

展馆看到美国宇航员约翰·格伦（John Glenn）驾驶的第一个绕地球轨道飞行的载人飞船模型。观众还可以近距离参观各种类型的飞机和航天设备，感受天际飞行的美妙，其中，德国还以1:1的比例展出了该国第一大的火箭模型。

道路交通是德国方面一直特别关注研究的焦点，在专门召开的专题论坛中，讨论了当代城市交通、公共交

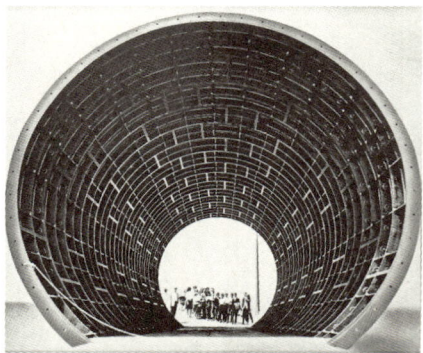

通、道路安全和交通对人类的影响等专题，同时针对车辆安全，展示了新的革新技术，并应用于刹车、轮胎和灯光等方面。德、英、美等国牵头形成决议报告，支持"汽车与清洁城市"项目推广，提醒人们重视战后被许多城市所忽视的问题。公共交通方面，地铁受到高度关注，在展示中展出的规划方案稍后在柏林和慕尼黑予以实施。

此届展会展馆总面积为502000平方米。国际运输协会（FIATA）、欧洲航空安全组织（ELDO）等国际机构参加展出，但由于技术壁垒，除了主要的国家参与外，许多小国被排除在外。

1965年的世博会在主题引导和经济上都达到了组织者的预期，为德国带来了良好的国际声誉，巴伐利亚州和慕尼黑市也得到了开拓与发展。

1967
Montreal

expo67

1967年加拿大蒙特利尔世博会被认为是20世纪最成功的一届世博会，参加国达到了62个，并以单日接待569500名观众创下了参观记录。

这届世博会的承办工作颇具戏剧性。在1960年申办权投票中，莫斯科获得了承办权，但在1962年4月，苏联方面放弃了承办。蒙特利尔市新市长让·德拉波（Jean Drapeau）经过游说政府部门，终于在同年11月13日，得到国际展览局的同意，蒙特利尔接手承办世博会。起初的筹备并不顺利，得到的支持也不够，但德拉波市长决心将这一盛会搞出特色。经过多轮讨论，会址选在

圣劳伦斯河改造岛屿的方案获得通过，这不仅避免了周边城市的反对，也防止了土地投机行为。

经过紧张而高效的工作，1967年4月27日展览如期开幕，特邀出席的嘉宾包括了53位国家元首，加拿大总理皮尔森（Pearson）点燃了圣火。世博会的主题是"人类和他们的世界"，主要讨论人与社会、人类探险、人与太空、人与生活、人与海洋、人与艺术等等涉及人类生活的方方面面。杜邦礼堂成为世博会的标志性建筑，时至今日，这座有372座席的大厅一直是致力于纯科学和应用科学的教育讲堂。

当时还是建筑系学生的麦吉尔（McGill）设计了有13层的大型公寓大楼，其独特造型得到赞誉。美国哲学家、建筑师巴克敏斯特·富勒（Richard Buckminster Fuller）设计的美国馆则表达了他的宇宙观，成为经典建筑景观。

世博会的活动异彩纷呈，艺术画廊、戏剧、芭蕾舞表演、古典与现代音乐会在世博会剧场、万国广场、体育场等地轮番上演，让游客大饱眼福，最聚人气的La Ronda娱乐公园甚至开放到夜里两点半才能闭馆。

尽管展览期间受到越战抗议者的聚集干扰，反卡斯特罗的人对古巴馆的破坏以及中东战争导致科威特的中途退出等事件影响，但展览最终还是得以平稳进行，在10月29日顺利闭幕，成为加拿大历史上最具里程碑意义的盛会。

1968年是美国西南部圣安东尼奥市建市二百五十周年，国际展览局批准该市举办主题为"美洲文明交汇处"的专项世博会。

展会建设和对老城区的改造同步进行，目标是振兴经济，打造现代化的圣安东尼奥。为筹备世博会而组建的圣安东尼奥世博贸易公司面临多项挑战，根据规划，将建造一组三层的建筑群，包括一座约18500平方米的会议厅、2300座位的艺术剧场和10500座位的运动场，建筑风格趋向更简洁的造型，企业馆则可以根据需求由企业自行设计建造。为了便于后期利用，除了美国和德克萨斯州馆是独立建筑外，国际馆统一建造，由各国自行进行室内装饰。著名建筑事务所福特·鲍威尔·卡森（Ford Powel Carson）负责设计的高约230米的美洲之塔是世博会的标志性建筑，塔上有旋转餐厅、休息室和瞭望平台，观光电梯大约用43秒就可以把游客带到塔顶。除了几十个国家馆和企业馆，游客还可以到嘉年华岛所提供的18个不同游乐设施寻求刺激。

1968年的世博会对圣安东尼奥的未来起到了积极的作用，除了世博会建设所遗留下来的会议中心，新建的酒店和重建的河滨步道也吸引了源源不断的游客，使这个城市在政治影响力和经济方面都得到了提升。

EXPO'70

战后的日本着力发展本国经济，承办世博会是继1964年东京奥运会之后又一次在世界舞台展现日本的机会。这一时期的日本国力迅速发展，经济高速增长，从1950年到1980年间，GDP年平均增长率达7.7%，是美国的4倍，英国的7.7倍，人均国内生产总值增加了19.5倍。

日本著名建筑师丹下健三被任命为大阪世博会总体规划师，场地布局依据日本民族文化传统，以树枝的形态为基础，在紧凑的规划中合理分割各个空间。在大阪市郊，一片风景优美，覆盖着竹林、灌木丛和稻田的丘陵被确认为会址所在地，面积约134公顷。世博会中心区域长1.2公里，宽150米的区域作为标志区，用以分割两大重点展区，在标志区中心矗立起一座巨型的太阳塔建筑物，从这里可以通往各个方向的大门。太阳塔下面覆盖着巨大透明顶棚的节日广场，用以举办各种音乐、表演活动，开闭幕式及各国国家馆日也在这里举办。与节日广场相连的是主题馆展区，同样覆盖着透明顶棚，顶棚高度有30米，面积达32000多平方米，重量达6000吨，是当时世界上同类建筑中最大的。

主题馆分为三层，地下一层代表过去，象征"人本性"；一层代表现在，象征人类交流的时代；上层代表未来，象征人类和科技合为一体的新世界。表现未来的太空主题馆有两座塔，分别代

表母性和青年。展场的另一个景点特色是占地约26公顷的日本园林，分别是平安时代（公元8～11世纪）的古代园林，镰仓时期（12～13世纪）的中世纪园林，江户时期（17～19世纪）的近代园林以及现代园林。

很多展馆建筑引人注目，澳大利亚馆通过二十根钢丝吊臂来悬挂起一个巨大的天蓬屋顶，极具未来感。住友馆有像飞碟一样的顶部造型，东芝馆使用1476块金属片覆盖在表面进行装饰。瑞士馆覆盖着一个巨大的发光圆顶，在夜晚像一颗非常耀眼的钻石。富士馆使用了充气膜结构，放映由加拿大导演制作的第一部IMAX格式电影《虎娃》。日本馆是以五根圆柱组合，寓意国家的象征——五瓣樱花，馆内展出了世界上第一台手机原型机、磁悬浮列车模型以及第一套计算机网络系统。美国馆是一座

巨大的椭圆形充气膜结构的建筑，斜拉悬索结构的屋顶展示了美国建筑公司的技术力量，展品中展出了1969年阿波罗号宇航员从月球表面带回来的岩石。德国馆则建造了一个音乐花园，巴赫、贝多芬等大师的多轨磁带不停地播放，德国当地作曲家施托克豪森（Stockhausen）应邀每天为观众演奏他的音乐作品，包括他的代表作《12星座》。

艺术在世博会中一直有着重要的展示地位。1970年的世博会也可以看作是一次美术巡展，古典与现代艺术和谐展示。这一盛会结合了东、西方的艺术，欧洲的毕加索、保罗、高更、雷诺阿、梵高、塞尚、鲁本斯，而东方则主要是日本艺术家的作品为主，观众流连忘返，沉浸在艺术的鉴赏氛围中。

世博会期间来自不同国家和地区的演出团体共举行了2800余场演艺活动，完美体现了人类和平共处的美好盛景。

博览会落下帷幕，几乎所有的展品和展馆都被拆除，人们的美好回忆留存于照片和史册中。园区进行了改造，建立了各类体育场所、民族博物馆、国际儿童文学研究所等。为世博会而建，由建筑师清川崎设计的国家美术馆则在2004年被转移到城区作为大阪国家艺术博物馆，用来收藏越来越多的藏品。

日本是第一个举办世博会的亚洲国家，1970年世博会创下了6400多万参观记录，营收利润达到了1亿4600万美元。组织出色的世博会为日本20世纪60年代末和70年代初的高峰期经济增长奇迹发挥了重要作用，促进了新技术的交流与发展，也成为推动日本成为世界主要工业强国的因素之一。

值得一提的是大阪将在2025年再一次举办大型注册类世博会。

expo'74

由于主题的特点，当地的建筑师和工程师有了发挥想象力的空间。他们根据独特的地理位置把场地分为黄、橙、红、紫等若干区域，越接近每个区域的中心颜色就越明亮。园区共建设了50个展馆，美国的联邦州、土著群体和加拿大的一些省份参与了展出，游乐园的建造同样是为了更多的吸引游客。

随着经济的发展，农田与森林的开发、河流和湖泊的保护、城市污染的治理等环境问题越来越得到人们的重视，1974年世博会成为世界上第一次真正涉及环境为主题的注册类世博会。展会所在地斯波坎河（Spokane River）正是一个成功的解决案例的体现，它拥有媲美尼亚加拉瀑布般的美丽风光，经过政府不断治理，成为一条证明生态恢复系统的洁净流域。

博览会展区的范围包括流经市区的斯波坎河南岸，河中心的Canade岛和Havermale岛，总计约有100英亩的土地。

时任美国总统尼克松亲自主持了开幕式，奎纳尔特印第安人划着独木舟掠过河流，5万只气球和1千只鸽子放飞到空中，开幕式盛大祥和，1千人的童声合唱团所演唱的主题曲《让世界充满爱》感染着在场的人们。

世博会的会徽是以德国数学家和天文学家阿古斯特·费迪南·莫比斯（August Ferdinand Mobius）命名的莫比斯环，象征着人与自然融为一体，循环往复的统一概念。柯达、通用汽车、福特公司都建设了大型企业馆，通用电气赞助了博览会的夏季音乐盛典。西北太平洋贝尔公司在电信展区建造了利用屋顶百叶板调节气候系统的展馆，他们在电信系统设备中启用"911"这个号码作为急救服务专线，这个系统为之后人道主义救援和环境灾害的抢险起到了至关重要的作用。澳大利亚馆展示了36块旋转屏幕组成的视频系统，新落成的悉尼歌剧院的模型展示得到了建筑评论家的好评。美国馆用一块65米×20米的屏幕展示IMAX影院系统，总计有500万名观众体验了影片中飞跃大峡谷的壮丽场面，由于画面过于富有视觉冲击力，以致影院不得不配置了晕车袋，其影片也开辟了互动电影系统的先河。

在世博会展出期间，组织者进行了一系列旨在恢复生态系统的实践活动。开幕式当日，该市向斯波坎河投放了1974条鳟鱼，以证明河流清除工业污染的努力得到了解决。组织者还举办了几场引人注目的以环境为主题的讨论会、

论坛，这些活动对促进世界环境意识的觉醒起到了推动作用。

来自世界各地的众多演员、艺术家和音乐家出现在世博会的演出场所，吸引了众多游客。斯波坎世博会共接待了520万人参观，超过了预期目标，为当地及周边地区经济贡献了1.2亿~1.39亿美元的收益，解决了4千个工作岗位。破败的城镇得以振兴，河道得到清理，新的滨河公园进行了建设，歌剧院和会议中心的建立也完善了城市功能。

1975
Okinawa

EXPO '75

继1970年大阪世博会取得成功后，日本政府申请将冲绳作为1975年世博会的举办地，以国际海洋为主题，另一方面也用以纪念1972年冲绳回归日本政府这一事件。

由于国际石油危机，博览会的物流受到了极大的影响，使原本3月2日开幕的日期一直拖延到了8月31日。园区规划占地100公顷，包括25公顷的海湾面积。展馆被划分成250平方米左右的矩形或六角形的模块建筑空间供参展者挑选租赁。根据内容，共分四个主题群。海洋生物群集中反映了水生生物的生态学及其在海洋工业中的作用；人类与历史群展示了世界各地人们与海洋相关的文化、生活；科技馆群展示世界海洋研究与开发的各项设施，展现保护和利用世界水资源的国际合作的必要性，这个集群是规模最大的，包括了苏联馆、意大利馆、加拿大馆、澳大利亚馆和美国馆，还有三井儿童科学馆、世界海洋系统馆及企业和主题馆，世博会核心展项

"海洋帝国"——一个漂浮的未来城市体验区也位于这个区域；航运群则重点体现海洋航运及海上探险。

园区设置了专门的休闲娱乐区，游客们可以玩过山车、旋转木马等大众项目，也可以参观一些以水为主题的景点和动植物观赏项目。一个系在泊船上的潜水装置很吸引游客，它可以潜入水下

20米深的地方，体验深海探险的感觉。游客们也可以在世博会海滩上放松休息。为方便游客参观，博览会修建了一条有六个坐箱的小型铁轨列车，开通了往返于世博会港口两端的玻璃底电动船航线。作为世博会活动的一部分，组委会还举办了国际海洋组织研讨会和跨大洋帆船赛。

世博会最显著的建筑体冲绳馆有着巨大的红色屋顶结构，具有典型的冲绳式建筑特点。核心展区的"海洋帝国"是由日本著名建筑师菊竹青训（Kiyonori Kikutake）设计，建设费用为130亿日元（约合4100万美元），在世博会期间广受好评，世博会结束后被保留了下来。但多年后，人们对它的兴趣开始减弱，最终于1993年关闭并被改造成世界上最大的水族馆之一——冲绳美之海水族馆和热带及亚热带植物园。

经过6个月的运营，博览会接待了348万游客，虽然比预期要少近100万，但财政收支取得了平衡，重要的是世博会带动了冲绳旅游业的发展，基础设施和现代化的酒店得以建立，对当地自然和人文环境的重塑起到了推动作用。

受到斯波坎世博会的启发，诺克斯维尔市在1977年获得美国总统卡特的支持向国际展览局申办1982年世博会。人口只有17万5千人的城镇看起来并不适合举办世博会，但这座城市有一所对能源有着广泛研究的著名大学——田纳西大学。而在当时，民用能源正是世界能源市场的热点，同时，位于该市东南部的橡树岭国家原子能实验室，以及离该市不远的美国科学与能源博物馆都为这届以能源为主题的世博会提供了信心保障。另外，附近的斯莫稷山国家公园（Smoky Mountain Nationgal Park）、加特林堡以及鸽子谷等旅游胜地使组织者相信他们能够吸引到足够的观众。

博览会规划占地29公顷，重建了市区建筑，建设了新的酒店和办公楼，整治了流经田纳西大学的河流，交通基础设施得到改善，筹备工作增加了约2千多个新的就业机会、当地零售和税收得以增加。组织者从国家和地方银行获得了3千万美元的贷款。卡特总统也批准投资2080万美元支持建造美国国家馆。意大利成为第一个签约参展的国外参展者。1980年5月随着建设工程动工，美国政府又

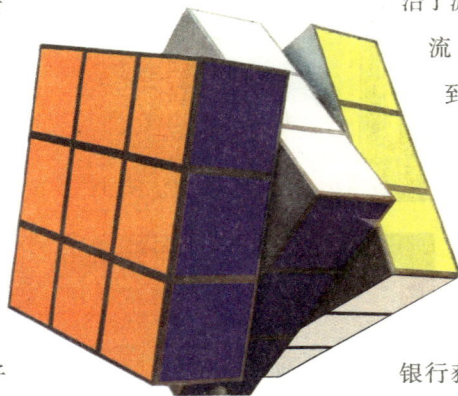

拨出990万美元用于场地开发和城市基础设施建设。1982年5月1日，里根总统宣布博览会正式开幕。

世博会标志性建筑是一幢5层楼高的塔状建筑，顶部是象征太阳的巨大球体，内部是餐厅和观景台，球体表面用金粉涂成金黄色。能源是世博会的主题之一，各馆围绕此主题进行不同形式的展示。美国馆述说了能源在历史上的应用。日本馆设置了地面可移动的影院，以球形屏幕、日本传统的艺术手法讲述了该国能源问题的解决方案，另外，可以行走、交谈和绘画的机器人以及其最新的工程技术展示使该馆成为最受欢迎的外国展馆。沙特馆展示了巨大的太阳能集热器；德国馆展示了水能、太阳能利用和核电技术；意大利馆以其红、白、绿三种国旗色系展示了意大利科学家在过去100年间为人类能源进步作出的贡献。埃及馆最令观众感兴趣的是估值高达3千万美元的法老文物，包括三千年前的战车和雕塑，刻有象形文字的珍贵墓碑石刻。匈牙利馆以著名的魔方模型吸引观众，在8月17日举办的匈牙利国庆日的时候，其发明者厄尔诺·鲁比克（Erno Rubik）博士到场进行了表演交流。欧共体第一次以独立展馆的形式出现在世博会舞台。榆树剧场是举办各类活动的中心，在此，组织者邀请了众多演员和音乐家进行表演，日本大歌舞伎院等国外艺术团体带来了精彩的演出。每晚10点，游客们还可以欣赏到壮观的烟火表演。在民俗生活中心，当地手工艺人展示各种特色货品。

整个世博会展期活动安排丰富多彩，吸引了大量游客，经统计门票销售达到了1100万人次，这超过了在北美举办的任何专业类世博会。尽管展会结束后大部分展馆被改造和拆除，但世博会给当地发展带来了长久的益处。

值得一提的是，这届世博会上，中国政府第一次以中华人民共和国国家馆名称出现在世博会舞台上，展出的长城砖、兵马俑，吸引了大量观众，也开启了中国参与世博会的新篇章。

1984
New Orleans

1984年新奥尔良市举办了新一届世博会，会址规划占地33.2公顷，组织者准备将这片区域打造成未来城市旅游和会议中心。

博览会于1984年5月12日正式开幕，主题是围绕"水"这一概念来表现。展场规划了巧妙的喷泉景观、水上乐园和人工湖，展馆和展品也多与水相关。场地共分六个主题区，河口广场是博览会的主要人流聚集地，这里修建了一座取材于海神、美人鱼和短吻鳄的古老传说的桥梁拱门，进入拱门的海湾广场有老式火车头等展示项目，使观众仿佛进入一个神话乐园。

梵蒂冈馆是唯一的独立工程项目，属于新奥尔良教区管理，展出有宗教题材的绘画、雕塑和部分文物，这个馆也成为世博会上最令人印象深刻的展馆之一。两层楼建筑的国际馆被分成大小不同的区域，每个参展国仅能在有限的范围内规划他们的展品。澳大利亚将在4年后迎来他们新世纪的第一次世博会，

在馆内展示了该国不同的气候区域特点和人文风光，以吸引潜在游客。欧共体馆通过一部15分钟的影片集中展示了欧洲主要水道及其对贸易发展的重要性。日本展出了一架古老的水车，以显示水力在国家传统文化、经济中的重要性。加拿大馆最吸引人的是一部表现其一年四季变化的IMAX格式影片，使观众沉浸于我们这个星球美妙的自然风光。美国馆以一部长达20分钟的，反映水生活主题的3D电影得到观众良好的反馈，而更具震撼的是放置在美国馆门前的美国宇航局的航天飞机，组织管理者为能把这架飞机运抵现场颇费了一些周折。

新奥尔良被公认为是爵士乐的摇篮，世博会上以爵士乐为代表的各种演出接连上演，游客们在参观展馆之余也一起感受着独特的爵士氛围。

遗憾的是，由于筹建资金不足和后续考虑不周，这届世博会成为唯一一届在运营期就宣布破产的世博会，也就此成为迄今（2019年）为止美国承办的最后一次世博会。

主题为"科学和技术促进人类生活发展"的世博会于1985年在距离东京半小时车程的筑波市举办。这届世博会属于注册类专业世博会，规划有企业馆、国际馆以及附属办公区、娱乐场，另外还配套建设了公交总站，商厦等。

1985年3月16日博览会正式开幕，五颜六色的几何状展馆是世博会建筑的一大特色。日本建筑大师黑川纪章设计了东芝、三井和日本IBM等企业馆。园区最高建筑物是85米的宇宙摩天轮，而游乐场是最受儿童欢迎的地方，通过娱乐和游戏，孩子们也可以理解很多科学原理和技术发展。

从主题出发，展会主要体现在太空探索、医疗科技、环境保护等几个方面，很多展馆设置了影院系统，以便在短时间内传递更多的信息。参展国按照展示主题分为四组，美国馆展出了人工智能机器人，演示解决魔方难题及复杂的数学问题，该馆总投资600万美元，其中40%由民间募集。英国馆和苏联馆展示了他们的最新科技成就。中国馆集中展示了传统文化和民间工艺。更多的国家则利用世博会平台展现风土人情，以促进其旅游业的发展。日本馆展出的室内番茄种植技术最吸引人，且经此宣传而产生了巨大的经济效益。日本共有28家企业参展。日本富士通馆展出了计算机绘制的DNA图谱，以及一个可以做家务、表演乐器、踢足球的智能机器人；索尼公司推出了LED大屏幕系统，为未来的家电市场带来了技术革命；日本航空和住友公司联合推出了时速可达500公里的磁悬浮列车，并应用于园区体验；日本电力公司则推出了可以搭载8人的电动汽车。在宇宙馆观众可以体验到世界上第一套高清晰度视频系统，该系统集合了背投投影、摄录像、控制面板以及数字视频设备集成等综合科研成果，体现了日本在这方面的雄厚科技力量。

通过世博会，日本向世界展示了其20年科技教育的成果，其创新力量不亚于美国著名的硅谷，就此，筑波成为新

的科学中心，在许多前沿领域处于世界领先地位。至今，在筑波有60个国家约240个研究机构数以万计的高素质专业人员推动着日本科技的发展。至1985年9月16日展会结束，共接待2030万观众，是专业类世博会接待人数最多的一届。

1985
Tsukuba

EXPO '85

温哥华在其建市百年纪念之际，举办了1986年世博会，展览于5月2日开幕，参加开幕的人数超过了10万。

展会占地67公顷，沿False Creek海湾延伸达4.5公里。世博会以"移动世界，联通世界"为主题，重点反映陆地、海洋、空中运输行业的发展。联邦政府和地方政府为项目筹资，由非营利机构具体运作。

展览共分6大区域65个展馆，包括42个国际馆，若干地方馆、企业馆和2个主题馆。在主题馆的展示中，展示了百年来铁路的发展以及对未来交通的憧憬。在展区超大的全景剧场非常具有震撼力，吸引了大量的观众。最受欢迎的展馆是由建筑师宾·汤姆（Bing Thom）设计的西北特区馆，淡蓝色的材质制造出类似冰山和冰川的视觉感受，配合灯光效果美轮美奂，展览期间有超过200名的音乐家在馆内进行表演。组委会针对加拿大印第安原住民生活给予特别关注，在五月份，一个正宗的传统印第安夏令营在展馆内举办，展出有动物皮毛制作的服饰，传统的艺术表演以及印第

安菜肴的制作，观众们还可以欣赏到代表着23个不同印第安部落的民间手工艺艺术品。影片、图片以及具有视觉冲击力的展品使参观者全面了解了加拿大北部的文化、生活。加拿大国家馆占地3公顷，投资1亿4500万美元，以自然山水和城市为背景，展现加拿大的百年发展历史，为白色的船型建筑，现在是温哥华市的会议中心和游船码头。

最有趣的是大型雕塑群"86号公路"，在一条217米长的成带状起伏的模拟公路上，海陆空各种交通工具被涂成灰色并固定在路面，游客们穿梭其中，别有一份乐趣。孩子们最喜欢UFOH20儿童水上乐园，想象自己乘坐火星人飞船的探险历程。

尽管这届世博会从经济角度讲难以收回成本，但提升了城市知名度，创建了新的建筑群，修建了高架铁轨系统，而坐落在费雷河上新建造的斜拉桥成为当时世界之最，为这座城市增添了最美丽的风景。值得一提的是，还有一座漂亮的中式园林保留至今——中山花园。

1986年温哥华世博会还有一件占据世界头条的新闻，英国王储查尔斯王子和戴安娜王妃专程前来出席开幕式，给当地增添了节日气氛。

1988
Brisbane

1988年布里斯班世博会是澳大利亚历史上又一重大活动，这届世博会以"科技时代的休闲生活"为主题。伊丽莎白女王于4月30日正式开启了世博会的序幕，展会以其丰富的展品和多样的娱乐形式，展示了众多国家不同特色的休闲生活，借此加深了国家间休闲文化的沟通了解，推动了全球休闲经济的发展。

澳大利亚政府和昆士兰州当局将这个港口城市的一部分工业区进行改造，规划成漂亮的世博园。整个会场像一片郁郁葱葱的热带森林，铺设了长达2000公里的电缆，为一系列户外活动提供了大量的服务设施。展览场地上装饰着霓虹灯、旗帜和大量的雕塑作品，其中布里斯班艺术家约翰·安德伍德（John Underwood）团队创作的"100人"的系列作品，描绘了人们在日常生活中的各种场景，贴近生活的场面受到了游客的喜爱。

造价达450万美元的世博会标志塔有88米高，每晚以氙气激光灯扫描着世博园，其光束从60公里外都可以看到。世博会还建造了一条长2.3公里的单轨铁路，有4节车厢的列车每天能运送四万多名乘客，方便游客到园区的游览。

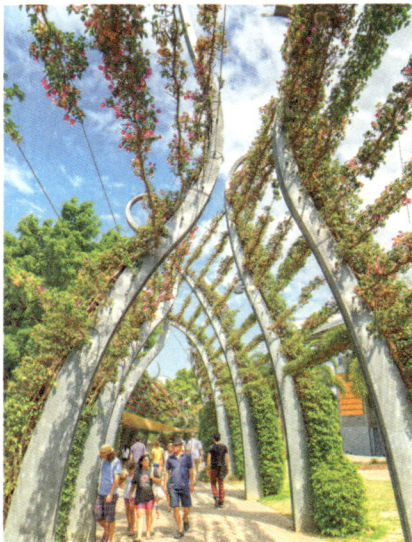

昆士兰馆是最大的展馆，以古代土著中流传的澳洲沙漠舞台剧为背景建造。新西兰是自1970年加入国际展览局后首次参展，为了展现与澳大利亚的密切关系，建造了国家馆中最大的展馆。"体育与娱乐"也成为这届世博会重要的一系列研讨会的议题，借此推动相互的发展。

1988年10月30日，一场壮观的音乐会拉开了这届世博会的闭幕仪式，随着大型焰火表演的结束，世博会的盛况留存于兴奋的人群中。这场耗资6亿2千万澳元的盛会，成为庆祝欧洲移民抵达澳大利亚200周年庆典的最大规模活动，成功地促进了昆士兰作为重要旅游目的地的目标，带动了布里斯班南部区域的发展。

作为纪念哥伦布发现美洲大陆这一重大题材，500周年纪念的日子自然非常重要，国际展览局批准了塞维利亚和热那亚两地举办与之有关的世博会。

塞维利亚世博会的组织者共投资了10亿美元用于该地区与安达卢西亚地区的重建，并为塞维利亚修建了湖泊、桥梁，疏通了河道，同时还新建了一个机场和一个新的火车站，连接马德里的高速铁路及洲际航线网络为世博会的举办提供了良好的基础设施保障。组委会还考虑到了当地夏季的高温，在园区主要道路和周边种植了两万五千棵树木和三十万株各类灌木，为游客提供了休息的庇护场所。遍布园区各处的喷泉、瀑布、水幕、涉水池以及喷洒凉爽薄雾的系统使观众有良好的参观体验。塞维利亚市区也焕然一新，19座酒店和一个新建住宅区准备好迎接参观者。游客们除了徒步参观，还可以乘坐缆车、穿梭巴士以及单轨铁路、摩托艇等多种交通工具往来于市区和展馆之间。

世博会的主题是"发现的时代"，100多个国际展团和众多企业馆参加展出，展示了500年来人类在科技和文化上的进步。

15世纪馆和航海馆回顾了15、16世纪伟大的航海发现，开启了连接世界的航线。新发现馆是半球形的全天域剧场，播放的IMAX格式影片——《尤里卡》（Eureka），以反映过去5个世纪人类对探索世界的热情，这是第一部用轻型手持摄影机拍摄的IMAX格式影片，影片赢得了世博会创意奖。

为促进更多的国家参与展出，展会为南美洲和非洲发展中国家设置了联合展区，规划了一个美洲花园，不同国家捐赠的数百种植物集中展示，体现了新世界的丰富生态与美好生活。未来馆分为四个主题：能源、电信、环境、宇宙。在能源部分观众可以观察世界各地不同国家的能源消费量的巨大差异。电信部分展示了通信技术对人们日常生活的影响，一个由115个屏幕组成的视频幕墙展示了这个领域的所有重大发明。环境部分是一部3D影片——《地球的交响乐》，反映技术发展所带来的污染问题反思。宇宙部分则邀请观众通过一个互动视频屏幕体验太空旅行，参观者可以向太空中的星球发送自己选定的信息。

意大利馆是最大的展馆之一，展出了意大利的艺术、发明创造以及对世界探索的贡献等多方面内容。葡萄牙馆侧重其发现新大陆的重要作用。法国馆主题为"知识促进发现"，以现代计算机图像技术与中世纪记录方式进行论证比对。由建筑师尼古拉斯·格雷姆肖（Nicholas Grimshaw）设计的英国馆以钢结构和玻璃组成具有水冷壁的建筑。加拿大馆进门处设置了瀑布，进入后规划了开阔的庭院，设置了一个容纳500个座位的剧场，使用新的IMAX高清系统，高达20米的屏幕展现的是加拿大的多元文化之旅——"从北极到北极"，餐厅也供应着来自加拿大北部的北极美食。大受欢迎的日本馆由著名建筑师安藤忠雄设计，其号称世界上最大的木质建筑，以中世纪的寺庙建筑中复杂的梁柱结构构成，展馆内展示了日本的文化和历史。参观者可以看到一个集传统神道和佛教造型的稻草人以及武士们的铠甲，日本的艺术以全息影像技术予以展示，展馆还展出了一部关于哥伦布时期的日本动画电影。韩国馆则为欢迎即将到来

的1993年大田世博会做好铺垫工作。爱尔兰馆设置了一个约22米高，重达4.5吨的著名人物形象——"格列佛"。

文艺演出是1992年世博会的特色，其主题是"世界的嘉年华"。许多展馆都设置了自己的表演场地，阿根廷的探戈、新西兰的毛利族表演以及巴西的盛装狂欢都给游客带来了无比的欢乐。到了晚上，烟火和灯光秀表演开始，由程序控制的烟花以及激光图形以全息投影的方式出现在6块巨大的水幕上，场面精彩纷呈。

S e v i l l e
G e n o a

Colombo '92
ESPOSIZIONE DI GENOA

同样是为纪念哥伦布发现美洲大陆500周年，哥伦布的家乡热那亚当然也不能缺席。经过申请，国际展览局同意热那亚在1992年同年举办另外一场专业类世博会。意大利政府为此花费了4亿7千万美元，用于这一古老港口的重新复兴。

意大利著名的建筑师皮亚诺（Renzo Piano）是土生土长的热那亚人，他对于这个城市迷宫般狭窄的街区，废弃的老码头建筑都有着深厚的感情，敏锐意识到世博会是一个提升热那亚建筑遗产声誉的机会。他提出了总体规划，对城区、广场和港口进行全面调整，并持续改进城市的地下铁线路、步行区、公共空间的分布，完善基础设施，使这个项目拓展为城市更新计划的重要部分。热那亚从此成为意大利著名旅游目的地之一，世博会上的大部分建筑也保留下来，并继续发挥其各种功能作用。

热那亚新月形港口是世博会的主要展区，占地约49000平方米，园区里建设了意大利最大的水族馆，设置了12个海洋生物的栖息地，有六百种鱼类、海洋哺乳动物、甲壳动物和爬行动物，还有二百余种海洋植物。至今，水族馆每年都迎接约一百万人参观，是热那亚最受欢迎的景点之一。

韩国是1993年世博会的主办国，对此次参展非常重视。韩国馆内展出了世界上第一艘铁甲船的缩小版模型，用12台投影机在多媒体影院中展现了韩国的海洋历史文化，一天三次的韩国民族舞蹈表演赢得了大量观众的喜爱。英国馆展出了其伟大的海洋历史，其中一架于1774年用木头制成的带有螺旋桨的单人操作潜艇引起了众多观众的好奇。巴哈马馆展示了哥伦布可能于1492年10月第一次登陆群岛岛屿的照片。其他展出国家也都以航海为主题展示船舶系统、制造工艺等等。

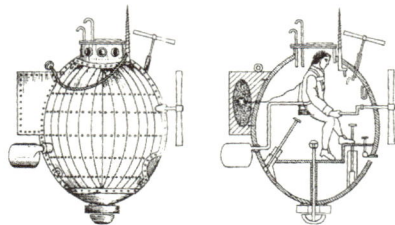

与塞维利亚世博会一样，热那亚世博会也是相当成功的，虽然参观人数未能达到组委会的预期，但值得称道的是，一个小小的港口城市充分利用世博会的契机，大幅提升了城市的面貌，市区、港口得到了有效规划、改造，基础设施得到提升，在2001年，热那亚还曾举办了八国首脑峰会，其城市形象在意大利占据了重要位置。

韩国大田市有1100万人口，是韩国连接南北铁路和公路的重要交通枢纽，位于首都以南161公里处。

大田世博会是韩国第一次举办世博会，也是为纪念韩国参与1893年芝加哥世博会一百周年，属于许可类专业世博会。展会旨在利用世博会平台，交流、探索各国在科技发展的同时所带来的环境问题。如何解决生态问题，使人类向着可持续发展的生活方式是参展国的展示主要内容。

本届世博会官方标志是以韩国传统图案为元素，代表全球和谐发展的理念；吉祥物"宇宙精灵"简洁灵动，非常受欢迎。

EXPO '93

在企业馆展区，球形金字塔造型的主题馆展示了最新的多媒体技术，影院中充满科技感的陆地和星际旅行让观众大饱眼福。大宇馆中，3DIMAX格式的有关文明历史的影片令人难忘。三星公司赞助了星际任务馆，模拟太空旅行、未来空间站，以及外太空居住计划带给观众对未来的憧憬。双龙公司也设置了高达七层空间的超大IMAX影视系统，介绍地球故事。IBM展馆的主题是"思想带来幸福"，致力于在未来能源领域找到可持续发展的解决方案，其创新的软件应用开发为这一途径提供了帮助。汽车馆展示了韩国当地新型环保汽车的制造全过程以展现韩国汽车制造工业的力量。

位于展区中央地带的锥形建筑是韩国国家馆，展馆的设计象征着韩国人期待智慧开启未来时代的憧憬，其造型充满了高科技元素，并使用了轻型金属制作其半椭圆形的环状结构。漂亮的展馆礼仪人员带领游客领略韩国的过去、现在和未来，其中韩国传统打击乐演奏是最大亮点，这个节目也是为参展世博会百年纪念而特别编排的。韩国馆的主题区域展示了传统艺术与新技术的和谐发展，肖像绘画机器人等各种功能性机器人吸引了众多游客的好奇与体验。韩国14个地区馆参加了展出，目的是通过交流区域成就以吸引外国投资者的兴趣，促进区域发展。北朝鲜也参加了展出，通过其优美的自然环境和人民的精神面貌展现民族团结统一的愿望。

国际馆区分为A、B、C三个部分，包括联合国在内的33个国际组织参加了展出，联合国馆是其中规模最大、令人印象最深刻的展馆之一。国际馆区成为各国向韩国公众展示自身文化，沟通韩国社会的交流平台。各国展项丰富多彩，如资源回收装置、新型磁悬浮列车、电动汽车和太阳能驱动等新科技展示出对未来人类可持续发展和环境保护课题的解决方向。

　　1993年世博会不仅仅是关于高科技的展示，来自世界各地艺术家丰富多彩的文化节目也让游客欣赏到不同文化、不同风格的艺术表演，其中融入计算机技术的电子音乐和歌舞剧表演丰富了演出形式，对韩国艺术的发展起到了推动作用。

　　世博会结束后，几乎所有建筑都被改造进一步利用，园区也变身成一个致力于科学主题的公园。1994年这里重新开放，吸引了众多的家庭、学生和游客，推动着韩国科技的最新发展。

数百年来，里斯本一直是世界最重要的贸易港口之一。1498年瓦斯柯·达伽马（Vasco da Gama）首次远航印度，为纪念这一里程碑式的航行，葡萄牙申办了1998年世博会，以纪念这一事件500周年。

展会建设得到了欧盟和葡萄牙政府的资金支持，通信和交通运输等基础设施被纳入区域一体化项目。会址选择在城市的东部，沿塔霍河（The river Tagus）一个60公顷的狭长地带，这里原是一片几近废弃的工业用地，重新的开发使这里焕发了生机。另外，一座横跨塔霍河的欧洲最长桥之一——达伽马大桥也利用世博会契机落成使用。

展馆共规划126个区域224个独立模块，德国、西班牙、中国、日本是占据模块最多的参展国。德国馆的展示得到了好评，观众分别进入可容纳15~20人类似电梯的空间后，随着梯门关闭，环境变暗，天花屏幕开始为游客营造潜入海底的视觉效果，随着画面的展开，鱼群和海藻在身边飘过，一串串气泡随之升腾，观众们饱览一段奇妙的水下之旅。

无论是国际馆、主题馆还是海洋馆、大洋馆、未来馆，都从不同方面迎合世博会主题，使观众了解从最早的海洋勘探历史到最新的海洋科学研究成果。独立的乌托邦馆是最受欢迎的展馆，一部场面宏大的多媒体视觉盛宴——《海洋》向世人展示了从世界初始到当今社会的演变，传统与高科技特效的融合使观众大饱眼福。大洋洲虚拟现实馆也吸引了超过一百万的游客。人们乘坐在集成模拟器中，通过虚拟现实护目镜和互动影像系统开启一场30分钟的海底潜航之旅，航行中历经海怪追逐的一系列历险，最终抵达一个失落文明地的奇妙旅程。展会上观众还能欣赏到达·芬奇的艺术品，精美的瓷器以及各类珍稀海洋工艺品等。世博会为观众提供了各种文化节目以及街头艺术表演。每天晚上都有"朝圣"游行演出，而最具观赏性的是主题为"新人类、新世纪"的多媒体大型水幕矩阵表演。

1998年9月30日，里斯本历史上最大规模的焰火表演标志着世博会的落幕，生动而难忘的经历留在每一位观众和城市居民的记忆中。

世博会结束后，园区进一步改造升级，高级住宅区、会议中心、多用途室内运动场以及由海洋馆改造成的科学博物馆使这一区域成为里斯本主要的商业和休闲娱乐区之一。世博会也使里斯本的国际影响力得到提升，使之成为重要的旅游目的地城市之一。

2000
Hannover

EXPO 2000
HANNOVER

2000年不仅是新世纪的开端，也是德意志联邦共和国成立50周年，两德统一的第十个年头。汉诺威为提升其旅游市场以及巩固其世界最大展览场地规模的地位，申请举办2000年世博会，经过激烈的角逐，汉诺威以21票对20票险胜加拿大多伦多市赢得这一特殊的新千年世博会主办权。

汉诺威认真筹备这一盛会，总预算创纪录地达到了16亿美元，世博会的主题确定为"人类、自然、科技"。3000位嘉宾、著名的"蝎子"摇滚乐队、女子网坛排名第一的格拉芙以及德国外交部长等参加了开幕式。联邦经济合作与发展部为65个最贫穷国家提供了总共1亿元德国马克的援助，以帮助非洲等国家参与世博大家庭的展示。国际奥委会、红十字国际委员会和世界银行等国

际组织也参加了展出。

德国馆面积为24000平方米，其中2600平方米的全空间多媒体影院展示了德国人一天的生活，其丰富多彩的人文生活场景与自然秀美的风光，再辅以优美的音乐和变幻的视觉特效，给观众留下深刻印象。荷兰馆以高达40米的开放

建筑分别展现其国家的牧场、花卉、森林和湖泊，并利用其竖立在展馆最高处的发电风车为全馆提供电力，建筑难度和科技力量令观众赞叹。日本馆以纸材

作为展馆建设的核心材料，不同的纸材应用体现了其对环保材质的探索，馆内还展出了一辆时速可达80公里的纸造汽车，体现了日本先进的环保概念和科技实力。阿联酋馆则营造了一派沙漠风情，建筑风格以酋长皇宫为蓝图，并空运了棕榈树、沙漠骆驼来营造氛围。

除了展馆展示，组织者还策划了一系列的活动，200个演出团体在6个月的时间里轮番演出。德国电信在世博广场赞助了一块世界上最大的移动屏幕，用以放映电影及转播同期在澳大利亚悉尼举办的奥运会比赛。每天，园区里的节目都让参观者目不暇接。

先进的技术，风格各异的展馆把世博会带入新千年，展出效果体现了新时代的发展，许多新技术为日后人类的生活提供发展方向。遗憾的是，由于投入巨大，而参观人数远低于预期，致使组织者财务上损失惨重，导致后期的开发利用难以为继。

这届世博会前几年由于信息产业的带动作用，世界经济繁荣向好，但随着2000年4月美国纳斯达克股票市场的崩溃，美国经济逐渐陷入了危机，并拖累世界各主要工业国和第三世界各国经济的衰退，也使得世博会陷入一段低潮期。

日本名古屋市曾申办过第二十四届奥运会，但是败给了韩国汉城（今称首尔），该市的居民一直渴望能够有机会举办一次大型国际活动。在得到日本政府的支持后，该市终于获得2005年世博会的主办权，而加拿大的多伦多市又一次遗憾落败。

展会选址位于名古屋东部山区，长久手和濑户郊区面积约200公顷的区域。组织者做了长久规划，在展览会结束后将改造成新的住宅区和大型公园。园区分为两部分，位于长久手的主要场所占地185公顷，而濑户的小山区域则规划为艺术表演区，用以表现日本自然环境的缩影。世博会的吉祥物很有特点——"森林爷爷和森林小子"，充分体现了世博会主题对大自然的敬畏与爱。

120个国家参加了展出，开幕式上，为世界和平环境保护而祷告的日本击鼓乐令人印象深刻，充分体现了东方文化的特点。日本馆使用了由玉米和其他农产品等食物废料提取的淀粉类可降解塑料为主的建筑主材，四周以太阳能薄膜包围，采用可再生能源技术提供所需电力，同时以

创新的技术系统替代普通空调的使用减少能源负荷，成为最环保的展馆典范。企业馆区有九个展馆，日本联合工业集团、日立集团也充分利用太阳能等新能源技术以及回收环保材料进行展馆建造。

观众在三菱重工馆互动剧场中由机器人负责护送进入场景，开启在地球不同环境中的冒险旅程，场面令人印象深刻。在主题馆中，天然气馆展示了21世纪使用天

然气的前景，引领人们展望未来能源的发展。

中亚地区联合馆以"丝绸之路"为概念，展现了哈萨克斯坦、吉尔吉斯斯坦、乌兹别克斯坦及塔吉克斯坦四个国家的自然、经济和文化的特点。德国馆的主题为"自然与科技共存"，参观者通过"骑士"的轨道系统，在透明的水滴型移动小屋中浏览展馆的各个部分，了解德国作为工业强国的发展历程和人文环境，其新颖的展出形式非常吸引人。

展览期间，九名成员组成了国际评审团，时任国际展览局主席的前中国驻法大使吴建民和世博局秘书长洛塞泰斯参与建立了两大世博类奖项的设立。最终德国馆荣获"A"级奖项，成为世博会主题"自然智慧"的最佳主题演绎代表，韩国馆、土耳其馆、墨西哥馆、荷兰馆和委内瑞拉馆则分别获得其他规模类型展馆的金奖。

中国馆以传统文化展示为主，通过双螺旋二层通道的多媒体浮雕墙展示了兵马俑、鱼洗、编钟、清明上河图等具有象征意义的中国历史符号，民族音乐组合"阳光女孩"的展演深受好评。

爱知世博会得到了70%的参观者的认可，组织者也通过企业赞助、彩票销售等形式实现了净收入1亿9千万美元，国际展览局高度评价了这届世博会的展出效果，其为推动亚洲成为国际展览会主要引领者做出了表率。

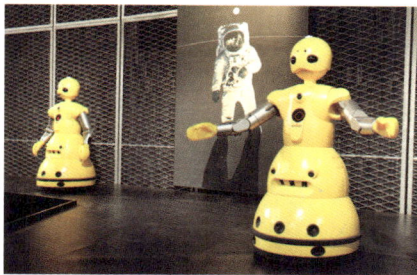

2008
Zaragoza

EXPO
ZARA
GOZA
2008

2008年萨拉戈萨世博会可以称为历史上最大规模"水"主题的节日盛会。水是地球上最重要的自然资源，保护和合理利用水成为这届世博会的讨论重点。

世博会的吉祥物是"Fluvi"，一个具有科幻形象的水滴精灵。它代表着反对污染，保护环境，其设计方案是从超过140位知名设计师和艺术家的投稿中选定的。

世博会于2008年5月13日举行了开幕式，西班牙国王及其皇室成员参加了开幕庆典，墨西哥、葡萄牙、摩洛哥和安道尔等国的领导人出席仪式。

展会园区距离市区不到20分钟的步行时间，公交和地铁也很方便抵达。展区共分8个片区，每一个片区反应一项自然特征和属性：岛屿、绿洲、冰与雪、森林（温带森林、热带雨林）、山与高原、草场、干旱地区、河流与沃土。国际展区 共61667平方米，有统一的建筑形式，按模块大小并结合各国自然地理特性选择使用。园区还规划了会议中心、中央广场、河流公园、码头等附属建筑。

水源保护、水资源利用等方面成为主题馆展项的重点方向。在"沙漠"展区，一片覆盖面积达1640平方米，直径46.7米的镜子阵列以光和声乐的组合创造出一片视觉幻像，宛若荒漠中的海市蜃楼。"水的极致"展区，利用互动舞台视听系统，与120个移动座椅组合，带领观众感受海浪拍打海岸、水流冲击等与水相关的冒险之旅。"水城市"以开放的空间形式让游客直观体会到水给城镇居民提供了高品质的生活。

107个国家和国际组织参加了展出，墨西哥馆以1053平方米的面积成为最大展馆，馆内重点展示该国在水资源消耗与合理利用方面的成功案例。德国馆以解决水循环再利用为主题，使用其最新的循环水净化系统，为游客提供可直接饮用的过滤水，另外，观众通过馆内一段120米长的奇幻水世界通道，最终抵达一处叫"古龙湾"（Cologne Bay）的美妙国度，使观众在旅行中了解水的循环历程。法国馆则着重从"水是这个星球赖以生存的资源"的角度，通过多媒体技术展示水的知识以及水利用的最新科技。

世博会最令人印象深刻的是著名建筑师扎哈·哈迪德（Zaha Hadid）设计的桥梁馆。它既是世博会园区的一个主要出入口，也是一座主题为"水——独特的资源"的主题馆。其新颖的造型来源于俯卧在河边的鳄鱼，由镜面金属板组成的装饰面实时反射着阳光与周边环境的变化，同波光粼粼的埃布罗河（Ebro River）相映成趣。这座面积3100平方米，长达270米的建筑成为扎哈一生中具有影响力的代表作之一。

在93天的展期中，来自世界350个艺术团体的3400名演员为世博会带来了精彩的演出，大型主题表演《冰山》以超炫的视觉震撼力吸引着每晚等候的观众。除了官方开幕式上演出的美国著名歌星鲍勃·迪伦（Bob Dylan）外，帕蒂·史密斯（Patti Smith），罗伯特·克雷（Robert Cray），鲁本·布莱兹（Ruben Blades），加拿大的爵士女皇戴安娜·克拉尔（Diana Krall）等不同风格的著名歌手、乐队轮番为世博会观众带来视听享受。

9月19日，经过组委会评审，菲律宾馆赢得组委会最高荣誉"金奖"，其展出的1000件水晶瓶集纳了不同地域的沙子，所表达的内涵高度契合世博会"水与可在持续发展"的主题，在整体展示理念上，菲律宾重视水生动植物与人类和谐发展的政策得到了组委会的高度认可。

2008年世博会帮助萨拉戈萨提升了城市影响力，三万名志愿者的参与也促进了世博会的成功运营，该市成为中等城市成功举办大型国际盛会的一个典范案例。

EXPO
2010
SHANGHAI CHINA

随着中国经济的快速发展，中国举办国际大型活动的经验越来越丰富，1999年昆明举办了园艺博览会，2008年北京举办了奥运会，上海则作为中国经济中心成功取得了2010年世博会的主办权。

上海世博会主题为"城市，让生活更美好"，于2010年5月1日至10月31日举行，上海世博会财政总预算高达3000亿至4000亿元人民币。世博会直接投资为286亿元，其中包含两部分：第一，场馆基础设施建设和永久性场馆建设，总投资是180亿元。第二，上海世博会的运营资金是106亿元。剩余均为其他配套建设投资，投资极大地提升了上海城市建设水平，也大幅提高了上海国际化影响力。世博会前夕，上海已经开通了12条轨道交通线，这12条轨道交通"上天入地"，互相之间都可以方便换乘，已构成了覆盖上海整个市区和部分郊区的快捷公共交通网络。其中通往世博园区浦东浦西的9个出入口共有5条轨道交通可以到达，分别是4号线、6号线、7号线、8号线、13号世博专线。

上海世博会建立了世博论坛，以上海世博会主题、副主题为主要议题方向，探讨"城市，让生活更美好"以及"城市多元文化的融合""城市经济的繁荣""城市科技的创新""城市社区的重塑""城市与乡村的互动"等当代世界城市发展中的主要问题。论坛发布了《上海宣言》，《上海宣言》是在2010年建立在上海世博会各参展方对全球城市发展问题达成共识基础上的一份重要文献。

本届世博会共有246个展馆，创造了世界博览会史上最大规模纪录。德国馆、阿联酋馆、英国馆、智利馆、俄罗斯馆以及太平洋联合馆等众多展馆的精彩展出得到了观众与组委会的认可，34个展馆获得了不同的奖项。世博会历史之最也产生于这届世博会：

最多的参展国和参展国际组织

最大面积世博会园区（5.29平方公里）

最多参观人数记录（7309万人）

单日最高观众记录（103.28万人）

有数据显示，自中国申博成功后的8年多时间内，国际展览局成员国的数量从89个猛增至目前的170个，其中绝大多数新成员为发展中国家。"中国效应"同样令一些发达国家热情高涨，美国也自2001年退出国际展览局后于2017年重回世博大家庭，并拟再次申办世博会。上海在世界经济危机期间办博规模居然创下多项世博历届之最，归功于中国经济的活力以及政府层面的宣传效应。毫无疑问，中国为159年历史的世博会注入了全新活力。

上海世博会园区

2012 여수세계박람회
EXPO 2012
YEOSU KOREA

2007年，韩国丽水击败竞争对手摩洛哥的丹吉尔（Tangier）和波兰的弗罗茨瓦夫（Eroclaw）赢得举办2012年世博会的主办权。其主题为"生机勃勃的海洋与海岸"，主要以六个主题组团构成：气候与环境、海洋生物、海洋生活、海洋工业与技术、海洋城市与海洋文明以及海洋艺术。世博会的标志抽象地体现了世博会所要表达的精髓，以红蓝绿分别代表生态、海洋和环境的相互关系。

园区共划分为三大主题区——城镇、海岸和大洋。官方参展馆集中位于世博数字画廊、大洋体验公园和"Big O"剧场的中心地带。世博数字画廊长415米，宽21米，由多媒体屏组成超大天幕，屏幕的图案由计算机控制，游客可以通过手机上传画面与屏幕上的图案进行互动。"Big O"剧场有最受观众欢迎的演出项目，每到傍晚，融合了激光、焰火、水幕技术的演出在极具震撼的音效配合下为大家呈现了一场奇妙的现代海洋神话故事。园区内还规划了一座1万6千平方米的，有四层建筑的大型海洋馆，馆内容纳了超过6千吨的海水，展出了世界上约3万3千种濒危海洋动植物。

国际馆展区占据园区最大面积，以不同模块面积供各参展国选用。作为最大展馆之一的中国馆采用双幕剧场形式配合现场舞蹈，演绎一段渔村小女孩和白海豚心心相印的浪漫动人故事，展现了人类反省对自然破坏进而维护海洋生

态的过程。新颖的演出形式和扣人心弦的故事情节赢得了观众的赞誉，最终中国馆以浓郁的民族特色和整体统一协调的装饰风格获得了参博历史上第一项最高级别的"世博会展示金奖"。

韩国的大型企业也积极参加世博会展出。现代汽车、乐天集团、三星集团等均投入巨资进行展馆建设，在展示手段上充分采用高科技技术，利用数字视频、影像采集实时互动、动感舞台等，充分体现了韩国近几年科技的发展与创新的国际化高水准。

世博会也邀请了韩国和世界知名的艺术团体进行交流演出，每天还有大型木偶游行表演，园区总是充满着欢乐的气氛。

丽水原是韩国南部一个安静的小渔村，为配合世博会的展出，政府进行了

精心的规划，园区与世博村很好地衔接在一起，往来于首尔和釜山的铁路与公路系统进行了整合，丽水机场也投入使用，志愿者以其特有的细致而周到的东方礼仪使到访的游客得到了良好的参观感受。世博会的举办为丽水成功地打造了经济发展的基础，在世博会闭幕后，这里转变为经济特区，到2015年底，吸引了超过4亿5千万美元的国外投资，带动了韩国南部经济的发展。

MILANO

在2008年国际展览局会议上，意大利最大工业中心米兰击败唯一竞争对手土耳其的伊兹密尔（Izmir）取得2015年世博会的举办权，其世博主题为"滋养地球，生命能源"，重点以农业的发展

由意大利家庭常用的11种蔬菜、水果组成，契合世博会的农业主题。

展会位于米兰市近郊，场地采用紧凑的规划形式，所有的展馆均分布在园区中央一条直通东西的主干道世界大道（the World Avenue）两侧，大道在中部与通往意大利主馆和标志建筑"生命之树"的卡尔（Cardo）大街交叉，中心形成观众汇聚的最主要的集散地。共有

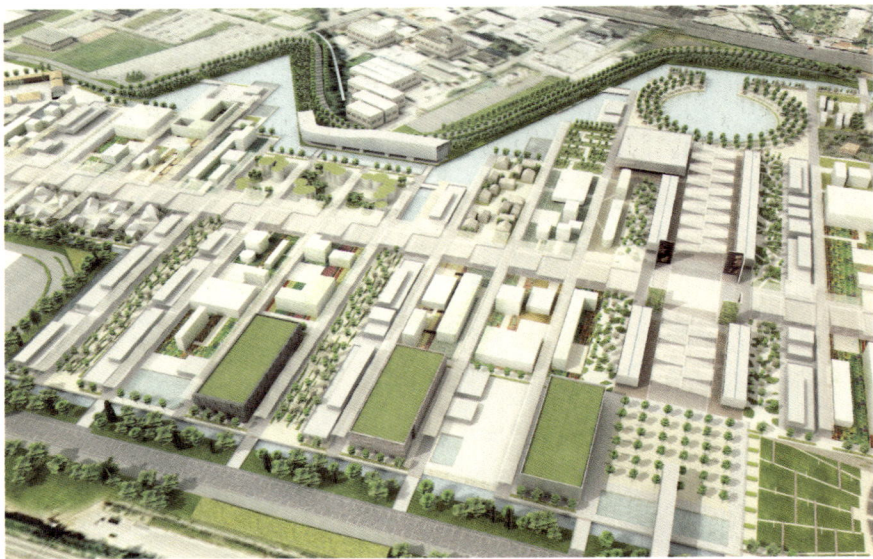

作为展示方向。

意大利政府承诺拨款132亿欧元用于世博会的筹备工作，组委会委托建筑师丹尼尔·里伯斯金（Daniel Libeskind）和扎哈·哈迪德（Zaha Hadid）为米兰规划整合交通网、公共建筑、博物馆、运动场、精品店和时尚街区。

世博会的标识通过网络在710件入围作品中评审确定，吉祥物"Foody"

145个国家和3个国际组织及13个NGO组织参加展出，企业馆片区则包括了可口可乐、麦当劳等知名食品、饮料企业。园区内随处可见各类酒吧、餐厅、咖啡馆等，意大利各大区的农业产地也纷纷来园区进行推广，使得这里成为有史以来最大的美食盛会。各个展馆也根据世博会主题，针对农业发展、食品安全以及人类可持续发展等问题予以呼应，以

大利馆高达35米，以特殊的白色复合建材作为表面材质，象征着根系的图案形式非常具有视觉冲击力，馆内丰富的展项包含了意大利的风土人情，观众游览其中，犹如一场美妙的艺术之旅。法国、阿联酋、哈萨克斯坦、以色列等展馆也同样吸引了大量游客的目光。

新颖的展示形式带给观众对问题的反思。日本馆以筷子作为主题表达符号，以特有的东方建筑风格和展示形式，带领游客体验日本传统文化、认识传统美食精髓，通过"未来食堂"的主题影院演出，使观众对美食文化进行再认识，了解四季更替对人类饮食的影响。精美的展示和周到细致的运营管理赢得了组委会的肯定，获得了世博会最高级别金奖。德国馆则以一张媒介卡作为每位观众贯穿各区展项内容的道具，使观众在浏览之余了解食品知识及现代农业科技。英国馆以"蜂巢"为建筑形式，采用开放式展区，搭建了一组支架建筑体，让观众在其中感受来自英国本土一个蜂巢内部所采集的"蜂巢之声"，使观众聆听自然生物世界的美妙和弦。意

中国馆以独特的展馆建筑和园林吸引了大量游客，其主建筑以自然天际线和城市天际线相融合，表达"天人合一"的哲学思想，成为世博会上最成功的建筑体，获得世博会建筑类铜奖，这也是中国政府自1982年恢复参展以来首次在海外以自建国家馆形式参展，通过新颖的建筑形式与园林组合让观众感受到中国新时代的发展潜力。

世博会上最受观众欢迎的是标志性综合建筑体"生命之树"，其基础图案原型由文艺复兴的艺术巨匠达·芬奇所设计，经过建筑师、艺术家和多媒体团队的创作，形成高达30米的建筑。在晚间，伴随着振奋人心的交响乐，配合喷泉激光秀，"生命之树"在各色灯光变幻中，迎来观众一阵阵的欢呼喝彩。

　　米兰世博会取得了巨大的成功，吸引了大量游客的到来，观众人数突破了2千万，推动了城市建设的提升，使米兰成为意大利摆脱欧洲疲软经济中耀眼的动力之一。

2017
Astana

EXPO 2017
· Future Energy ·
Astana Kazakhstan

2012年在国际展览局会议上，阿斯塔纳获得2017年世博会的举办权，这是历史上首次由中亚国家举办的世博会。它意味着阿斯塔纳赢得了全方位展示哈萨克斯坦社会、经济、文化和发展前景的机会。展会开幕时间与上海合作组织领导人峰会衔接，俄罗斯总统普京以及中国国家主席习近平等重要贵宾出席了世博会开幕式。此次世博会区域占地面积为174公顷，场馆占地面积为25公顷。各场馆合起来是一个水滴的形状，体现清洁可循环的能源利用主题。

场馆中心的玻璃球形建筑为哈萨克斯坦馆，四周则是供100多个参展国布展的国际馆及主题馆、企业馆。除场馆外，组委会还修建了购物广场、会议中心、音乐厅、住宅小区等配套设施，并确保在世博会结束后场馆与配套设施将继续为阿斯塔纳市民发挥作用。

位于园区中心的哈萨克斯坦馆十分醒目，这是当今（至2019年）世界最大的玻璃球形建筑。整体建筑被打造成一座未来能源博物馆，一共有7层，到了晚上，加了特效的场馆显得十分炫酷。7层的展馆，展示了天基太阳能发电，太阳能、风能、生物质能、水电能以及动能。最顶层是展望2050年阿斯塔纳市的规划构想。下一层是天基太阳能，这里有着一切关于太空太阳能电站建设的研究和长期发展计划的详尽报告。再下一层能了解到古往今来有关太阳能的各种用途和功能。再往下一层是风能展示区，"风之谷"体验区由一组风速不相同的电扇墙组成，每个电扇旁边都会显示出风速以及所产生的电能，来宾可以体验到一个真正的风力发电机是如何运作的。再下层是生物质能展区，展示了不同品种农作物储存太阳能所得到的生物质能，交互式实验室里的电子生物能源发电机将会给出不同生物质能发电方式的信息。二层是水力发电区，展区的大坝模型展示水力发电的全过程。

德国馆带来了最新的能源解决方案，俄罗斯馆则展示了北极开发的策略，中国馆突出了"一带一路"的发展战略，日本、韩国等国家馆也展示了自身解决能源问题的探索。

阿斯塔纳世博会闭幕仪式于2017年9月10日晚隆重举行。纳扎尔巴耶夫总统出席闭幕仪式，并发表讲话。共有115个国家和22个国际组织参加了此次世博会。为期3个月的世界博览会迎来了近400万人参观，平均每日有4万~5万人参观。其中，50多万游客来自180多个国家。阿斯塔纳世博会提升了哈萨克斯坦在国际社会的地位，推动了哈萨克斯坦旅游业的发展，超过130多万人参观了"光明世界"哈萨克斯坦国家馆，对哈萨克斯坦的认识也不仅仅停留在"距离海洋最远的国家"这一地理概念。世博会结束后，其国家馆和部分场馆成为阿斯塔纳世博会遗产和博物馆继续对外开放，阿斯塔纳金融中心也在世博园开展自己的经营活动。

总部设在巴黎的国际展览局在1988年对世博会重新进行了分类：按性质、规模、展期分为注册类和许可类两种。注册类（Registered，原称综合类）世博会是在某个主题之下的综合性展出，多由参展国家自行出资建馆，展期为6个月以内，场地面积没有限制；许可类（Recognized，原称专业类）世博会会场侧重专业性质，如生态、气象、环保、科技、化工、医药、海洋、信息、城建、交通、食品、园艺等，规模较小，主办国负责建馆并免费提供给参展国家，场地面积不超过25公顷，展期为3个月以内。规定从1995年起注册类世博会举办的间隔至少为5年，两个注册类世博会之间可以举办一次许可类世博会。在同一国家举办两个世博会的间隔期为15年。对候选国家的申办竞争，由国际展览局全体代表大会投票表决决定。迪拜将在2020年举办主题为"沟通思想 创造未来"的新一届世博会，2023年阿根廷将承办一届许可类世博会，而日本大阪则在2018年11月23日结束的国际展览局会议上赢得2025年世博会的主办权。

LONDON PARIS VIENNA PHILADELPHIA BARCELONA
FRANCISCO CHICAGO STOCKHOLM HELSINKI NEW-YO
BERLIN SEATTLE MUNICH MONTREAL SAN ANTONIO O
VANCOUVER BRISBANE SEVILLE GENOA TAEJON LIS

BRUSSELS SAINT LOUIS LIEGE MILAN GHENT SAN-
AU-PRINCE LILLE ROME NAPLES HELSINGBORG TURIN
OKANE OKINAWA KNOXVILLE NEW ORLEANS TSUKUBA
NOVER AICHI ZARAGOZA SHANGHAI YEOSU ASTANA

践行 EXPO

经过一个半世纪的发展，世博会已经逐步发展成
世界文明交融的舞台，前沿思维、尖端科技在各
国展馆中得以充分体现，世博会展馆代表着国
家的综合实力，如何规划、定位？如何管理和运
营？通过案例的分析，结合笔者实践，将体会将
一一呈现，抛砖引玉……

一部优秀的电影，核心是明确的主题基调，随之，编剧丰富内容，美术确定形式，辅以出色的布景、拍摄，演员们精彩的表演，细致的后期制作以赢得市场口碑。世博会展馆同样需要恰当的主题设定，出色的规划设计以及展示内容的精彩演绎，并通过细致的运营管理来赢得观众的掌声。对成功案例的分析、比较，可以开拓思路，为我所用......

世博会展馆主题表现

从1851年英国伦敦主题为"伟大时代"的第一届世博会开始，每届世博会几乎都设置一个主题来传递所要体现的时代信息。这些主题在反应主办者思想的同时，也为参展者，特别是各展馆的规划设计师提供了设计指导思想。

1933年，美国以庆祝芝加哥建市100周年为契机，举办了芝加哥世博会。它以"一个世纪的进步"为主题，展现了人类百年发展的科技成果，使人炫目的霓虹灯，超前的航空科技，令人赞叹的汽车工业，具有空调设施的建筑设计等，使人类对生活的向往提升了到了前所未有的程度，也使设计充分融入生活中。

二战后的1958年，世界迎来了和平发展时期，在比利时首都布鲁塞尔举行了战后第一次综合性世界博览会，主题"科学、文明和人性"。一座原子球结构的标志物，代表着人类进入了新科技时代。

1962年美国西雅图举办了一次规模不大的专业性的博览会，主题为"太空时代的人类"。博览会展出最新的先进科技，自动售货机和单钢轨铁路等提升生活品质的新技术应用而获得了巨大的成功。

1970年日本大阪举办了在亚洲的首届世界博览会，主题设定为"人类的进步与和谐"，向观众展示了继东京奥运会之后，日本在各方面的发展和成就，得益于这次博览会，日本在之后10年的经济发展中，一直保持强劲的势头。

1985年日本再次举办世界博览会，会址是在新城筑波市，一座距东京50多公里的全新科学文化城。博览会的主题是"居住与环境 人类的家居科技"。

1988年澳大利亚在东部黄金海岸城市布里斯班举办了世界博览会。主题为"科技时代的休闲生活"，时值世界和平发展，人类有了更多的休闲娱乐的需求，展会也围绕这一主题反映了多姿多彩的人类生活。

1990年日本大阪在1970年举办世博会的成功基础上又以主题"人类与自然"举办了专业性的国际花卉类世博会。展出以世界园艺为内容，庆祝大阪"新的开端"100周年的纪念活动。

1992年，在哥伦布发现美洲大陆500周年的时候，西班牙政府在塞维利亚举办了世博会，把博览会的主题命名为"发现的时代"。

1993年韩国大田举办主题为"新的起飞之路"的世博会，为探索人类更广阔的生活空间而进行新科技的集中展示。

1998年是国际海洋年，主办国葡萄牙把在里斯本举办的世博会主题定义为"海洋——未来的财富"。

2000年，新千年之际在德国汉诺威举办的世博会，主题是"人类、自然、科技"，参展国家和组织达到了172个，为往届世博会参展国家、地区和组织最多的一届。

2005年日本爱知世博会，主题"自然的睿智"。

2008年西班牙萨拉戈萨世博会，展览主题为"水——生命之源"。

2010年，中国上海首次举办最高级别的世界博览会，主题为"城市，让生活更美好"，本届世博会创造了世界博览会史上最大规模纪录。上海世博会的成功举办将世博会推向了新的阶段，在此之后世界各国又出现了一股争办世博会的高潮。

2012年韩国丽水世博会，主题为"海洋"，在这届世博会上，中国馆荣获了国际展览局颁发的最高级别的展示创意金奖。

2015年在时尚之都意大利米兰，举办了主题为"粮食与食品安全"为主题的世博会，园区整体规划简洁实用，标志性建筑"生命之树"的激光秀震撼人心，整个园区也因为汇聚世界各地美食而成为意大利人亲朋好友相聚的休闲之地，参观人数的单位比直逼上海世博会，成为欧洲最成功的世博会之一。

2017年世博会第一次在中亚国家举办，哈萨克斯坦首都阿斯塔纳成为举办地，主题为"新能源"，这也是首次提出人类面临能源急缺的解决之道。

随着世界不断发展，世博会的主题也随时代而变，2020年迪拜召开的世博会主题设定为"沟通思想，创见未来"，更多地聚焦于新媒体、新生活方式的探索，对人类未来的发展提出前瞻性。

每届世博会的组织者设定大主题概念，用以指导参展国以此为出发点，在重点契合这类主题概念基础上结合自身国情，综合分析其经济、文化、科技发展状态，提炼自身特点，选定最适合自身定位的展馆主题。一般而言，主题的选定遵循以下几点：

- 契合世博会组织者的大主题，从国家自身定位与发展方向制定主题。
- 主题的选定要易懂、有趣、给予参观者深刻印象。
- 要有民族文化内涵，能够反映自身文化特点，言简意赅。
- 主题的延展要适合展馆设计的发挥，对展示内容起到引领作用。

历届世博会上，国家馆的展示是其在世界上综合影响力和实力的反映，尽管每一届都有不同的展示效果，但成熟的世博会参展国家均有稳定而持久的国家主题观念贯穿在主题与展示中，其对应反映的也正是其所要表达的国家定位。

随着人类进入了二十一世纪，人们更多地关注人与自然的平衡发展，世博会已经成为国家形象名片，各国利用世博会作为软实力输出的舞台，并在形式表现上强调其独特性。从近几届世博会发展趋势来看，各个国家馆更加以突出本国特性、特征为表达方向，以此来强化其主题表达。综合成功展馆案例，主要分为如下几种类型：

一、突出科技性

二、展示艺术性

三、强调民族性

四、体现地域性

择选如下案例，通过纵向比较，可以比较清晰地了解各自国家馆定位的规划方向。

很多国家展馆会综合运用这几类表现手段，但仔细体会，会发现这些展馆在规划时一定会重点突出某一方向，强调其亮点，而不是大而全，如各方面都要面面俱到，往往效果适得其反，即所谓的到处是亮点就都不是亮点的现象。

世博会展馆主题表现

一、科技性

  在世博会的主题表达上，经济发达国家的理解和体会比较充分，也具有充足的财力来实现其展示理念。英国、日本、德国、美国等科技发达国家以其领先于世界科技领域的技术展示为主，结合充满创意的设计手段，充分体现其国家综合国力。

2000年汉诺威世博会英国馆主题：

多样化的人类

2005年爱知世博会英国馆主题：

被眷顾的萌芽星球

2010年上海世博会英国馆主题：

传承经典 铸就未来——种子殿堂

2015年米兰世博会英国馆主题：

根植英国，全球共享——蜂巢

2017年米兰世博会英国馆主题：

我们就是能量源——毡房

英国作为世博会的先驱，也是对世博会理解最为深刻的国家之一，其近几届国家馆的主题特点往往从自然界的角度来探索适用于人类发展的创造力。

2000年汉诺威世博会，英国馆展示了具有强烈视觉肌理效果的不同物种形态，强调自然的多样性。2005年以自然类型建筑——超大温室"伊甸项目"，引导观众通过互动得到自然的启迪，领悟其主题。2010年上海世博会上用"种子殿堂"的形式来探索人类与自然界的相互依存的关系。2015年米兰世博会上以超大装置艺术体——"蜂巢"，从仿生学的角度引领观众理解其所表达的与自然和谐共生的定位，也反映了其探索人类可持续发展的努力成果。而2017年，则借助于中亚地区特有的毡房形式，通过影视系统组合反映人类所依存的自然生存空间的亲和力。

英国馆总体特点是利用自然科学所发展的智慧为人类服务，向自然学习，以自然为师。

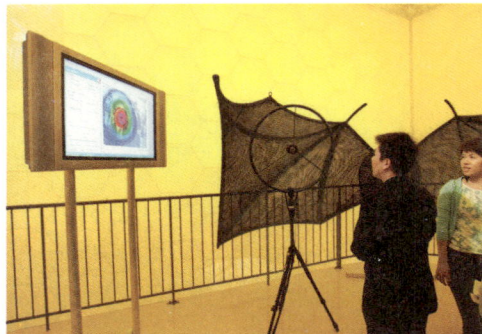

2000年汉诺威世博会德国馆主题：德国的智慧

2005年爱知世博会德国馆主题：仿生

2008年萨拉戈萨世博会德国馆主题：未来竹筏的旅程

2010年上海世博会德国馆主题：和谐城市

2012年丽水世博会德国馆主题：海洋进化

2015年米兰世博会德国馆主题：灵感的田野

2017年阿斯塔纳世博会德国馆主题：能源之路

德国是世博会的得奖大户，其主题演绎和展示设计已经形成体系，这得益于其在科技、设计等领域的领先地位。受包豪斯学派的渊源影响，德国馆的展示设计有更多的理性与务实的表达。其展示定位偏重于实用科技的体现，展项数据有很强的科学数据支撑，参观德国馆犹如进入学术科学的讲堂。2000年汉诺威世博会德国馆重要展项"智慧树"，展示了对于推动人类进步贡献巨大的德国科学家及成果，让人赞叹其对世界的影响；2005年爱知世博会德国馆主要展示仿生学的研究成就；2010年上海世博会，德国的"能量球"令参观者印象深刻，也体会到了其科技进步对城市生活的提升作用；2015年米兰世博会德国馆则以展示从田野到餐桌的新科技进步；而2017年阿斯塔纳世博会德国馆以"能源之路"作为主题，展示了最新型的能源车以及各类在能源科技领域的最新探索，从中让观众体会到德国名副其实的制造大国和科技大国的实力，非常符合其国家定位。

世界民众眼中的德国有着严谨的治学态度及对高品质的追求，是世界制造业的翘楚，"德国制造"也是其世博会突出强调的特征。尽管德国的音乐和艺术也在世界享有盛誉，但这些更多的作为烘托展项效果的辅助手段。所以，参观德国馆，观众的体会是井然有序，调理清晰，这也是德国馆屡获殊荣的原因。

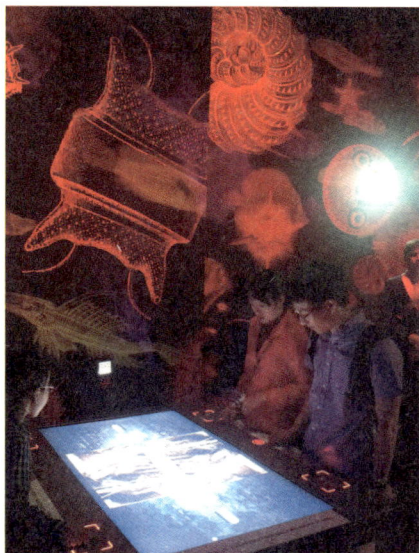

日本非常重视世博会的形象展示，其承办了在亚洲的第一次世博会，极大推动了日本经济及文化的发展。之后，日本着重以其特有的东方文化为元素，以尖端科技为载体，在历届世博会上形成了其独特的展示风格。观众参观日本馆往往为东方文化传统的美所感染，同时也深深赞叹其科技实力的方方面面。在近几届世博会上，代表科技实力的各类机器人、先进的机械互动、引领国际标准的影音视频控制系统等等应用于展项中，观众感知的是日本科技与我们的日常生活紧密贴合。2000年汉诺威世博会，日本馆运用回收纸材作为展馆主要建筑材料，并展示了一辆可以行驶的纸汽车，其环保理念的超前和科技实力让人惊叹；2005年爱知世博会，日本馆作为主场，迎合"爱地球"的主题，以竹子为展馆外壳的编织材料，"会呼吸的展馆"成为其环保特征，减少了对能源的消耗。2010年上海世博会上，日本同样用一座丝毫不张扬的绿色环保材料建设的"蚕宝宝"展馆赢得了观众的赞赏；2015米兰世博会上，其展馆主题形象为"筷子"，代表了其典型的饮食文化的符号性，主展示厅"未来食堂"利用多媒体互动技术以及舞台表现形式，带领参观者体会日本美食传统内涵的同时，也展望了科技进步对人类生活方式的推动作用。日本筷子形态内在含义是简约而有韧性，要在传递出日本传统文化中对食物的感激之情的同时表达日本人对自然能源尽可能少的汲取，而又尽可能的以自身能力去完成极限能力的日本精神。

日本馆很好地结合了东方艺术美与科技体现的衔接问题，在其形象表达以及运营管理中，充分体现了"谦虚""隐忍""敬畏自然"以及追求工匠精神的日本特质，赢得了参观者的好感，也明晰地体现出其国家定位，东方柔美文化的软实力恰是为烘托其世界顶级的科技硬实力服务。

2000年汉诺威世博会日本馆主题：纸的魅力

2005年爱知世博会主题：爱地球

2008年萨拉戈萨世博会日本馆主题：水技术与传统文化

2010年上海世博会日本馆主题：和谐精神、和谐艺术

2012年丽水世博会日本馆主题：未来的日本和海

2015年米兰世博会日本馆主题：多样性的和谐共处

2017年阿斯塔纳世博会日本馆主题：智慧技术的融合

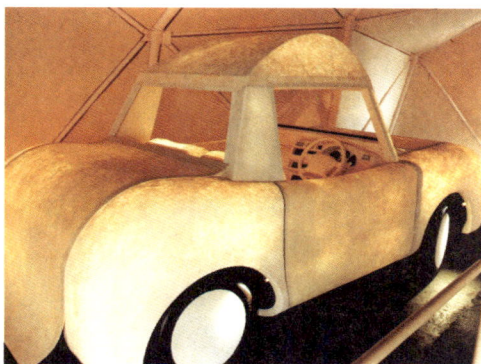

JAPAN
EXPO 2015 MILANO

　　美国举办世博会有着悠久的历史，在其办展过程中，举办地多以市场化方式解决承办经费，逐步形成了其务实、高效、商品化程度较高的特点。尽管市场化行为为主导，但其国家馆历来所秉承的民主、平等的普世价值观以及所推崇的探索精神一直贯穿其中，展示规划也往往以世界视野的宏观角度切入主题。在2005年日本爱知世博会上，美国馆展示其带给世界光明的电力发明历史，以及探索太空的科技实力；2010年上海世博会美国馆在其展示空间中，由一位虚拟美籍华裔青年带领游客徜徉未来时空，亲身体验2030年的美国城市，充分体现其"可持续发展、团队精神、健康生活、奋斗与成就"四大核心理念，展示美国人民的文化传统和民族精神，使观众直观体会美国的商业、科技、文化和价值观。2012年在以"海洋"为主题的丽水世博会上，美国馆通过收录世界各海域不同种族的人们发出同一声音——"这是我的海，这是我们的海"来表达其宏观的世界观；在2015年以粮食和农业为主题的米兰世博会上，美国馆在入口处标示着"你是九十亿分之一"来提示观众我们是世界人口的一

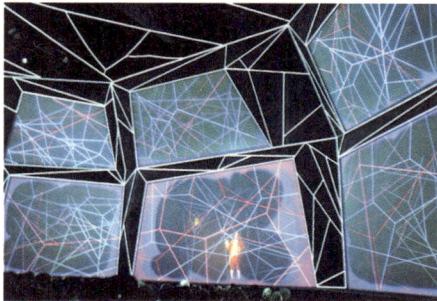

份子。从中可以看到，美国充分利用世博会平台，体现其世界视野的格局定位，以输出美国精神作为其国家馆的核心设计基础。美国馆的市场化操作是值得借鉴的地方，政府虽在官方层面支持，却很少提供建设资金，需要组织方进行市场筹款，政府对建设规模和所需资金进行合理评估，达到一定额度，确认符合展示预期才正式宣布参展，这也是美国务实的一种表现，所以美国馆常常很晚才公布参展方案。

2005年爱知世博会美国馆主题：富兰克林的精神

2010年上海世博会美国馆主题：迎接挑战

2012年丽水世博会美国馆主题：多样性，奇妙世界的解决之道

2015年米兰世博会美国馆主题：美国食物2.0，供养地球

2017年阿斯塔纳世博会美国馆主题：无限能量源

二、艺术性

法国、意大利、西班牙等拥有丰富历史文化积淀的国家，其科技、经济实力在世界的影响力不如他们的文化、艺术等所享有的地位。所以近些年这些国家馆着重反映艺术、美食、时尚等带给世界的精神愉悦文化。参观其展馆，犹如领略人类文化进步的历史，感受艺术的发展历程。

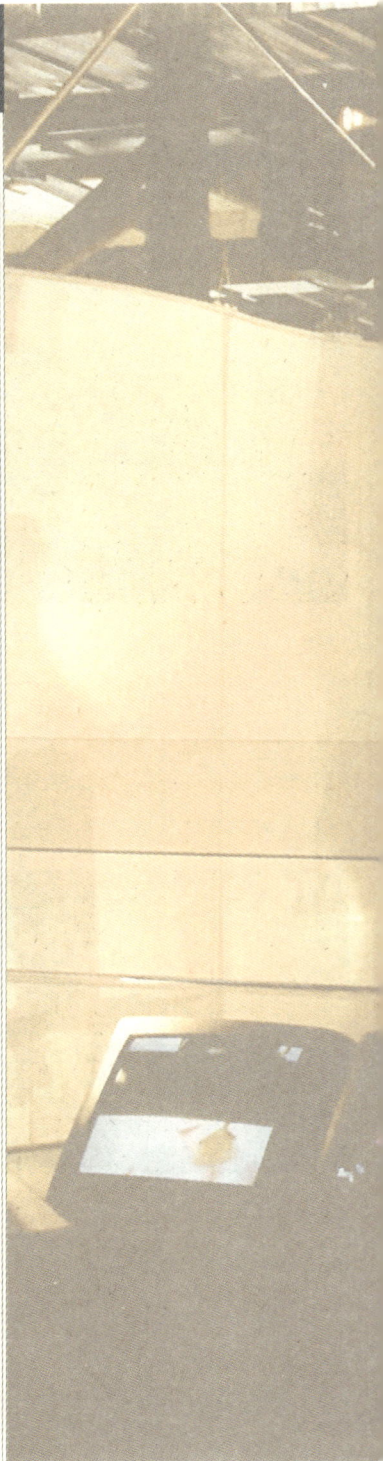

2000年汉诺威世博会意大利馆主题：科学家亚历山德拉·伏特和意大利

2005年爱知世博会意大利馆主题：意大利生活方式

2008年萨拉戈萨世博会意大利馆主题：高等工程领域

2010年上海世博会意大利馆主题：人类城市

2012年丽水世博会意大利馆主题：海洋文明

2015年米兰世博会意大利：人之城、城市森林

2017年阿斯塔纳世博会意大利馆主题：从创意到创新

2000年汉诺威世博会法国馆主题：从移动到移动

2005年爱知世博会法国馆主题：可持续发展

2008年萨拉戈萨世博会法国馆主题：水的本质

2010年上海世博会法国馆主题：感性城市

2012年丽水世博会法国馆主题：盐水晶的奇妙冒险

2015年米兰世博会法国馆：富饶市场

2017年阿斯塔纳世博会法国馆主题：能源转型，绿色增长

MU
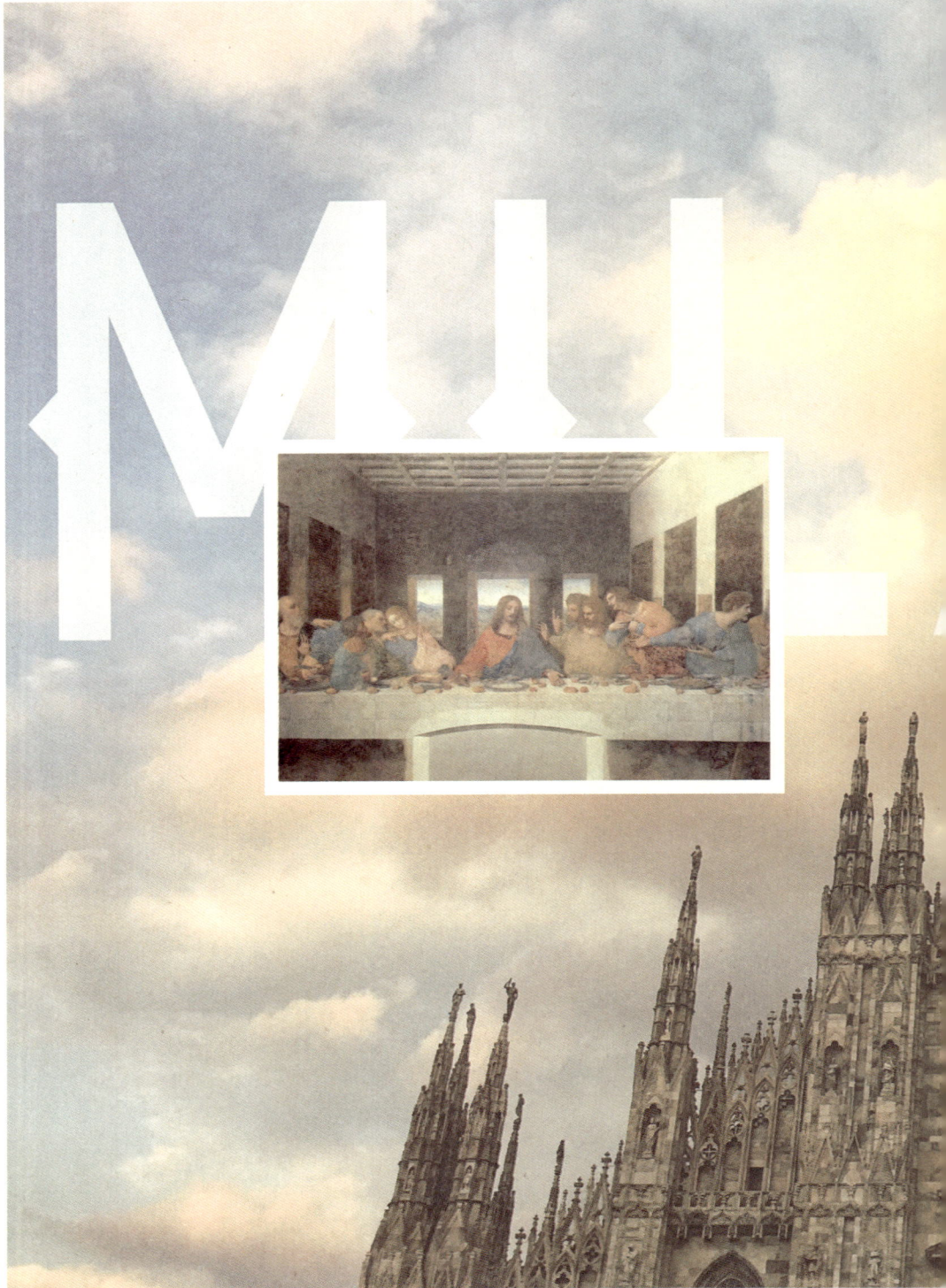

提到意大利，没有不惊叹于其给人类带来的精神世界享受，艺术融入了意大利人的骨髓，随处可见精美的建筑、绘画，随时聆听动听的音乐。文艺复兴改变了整个世界的艺术格局，而日常生活中意大利设计、意大利制造一直以引领时尚的方式超越其功能性，将美感与实用完美地融合在一起，意大利馆也成为每届世博会观众必看的展馆之一。

2000年汉诺威世博会意大利馆以"科学家亚历山德拉·伏特和意大利"为主题，展示了意大利历史上为人类社会带来生活方式改变的成就。电压单位"伏特"就来自于亚历山德拉·伏特（Alessandro Volta），以纪念他所发现的电压定律，他发明的电池基础为便利人们的生活提供了方向。意大利馆通过这一主题展现了意大利以引领生活方式的品味提升为目标，致力推动将日常用品赋予精神享受为设计出发点的观念分享给参观者。2005年意大利馆以雕塑、时装、珠宝、汽车等设计作品营造出一派地中海风情，其中从西西里海域打捞出水的2400年前青铜雕塑"舞动的萨提洛斯"是最重要的展品。2010年上海世博会，意大利馆展现了其科技、音乐、时尚、建筑领域的成就，还特别上演了众多意大利驰名世界的时尚品牌时装秀，让参观者体会到幸福城市的理念。2015年米兰世博会，作为主办国的国家馆，意大利馆更是全方位地展示了其引领生活方式精神领域的丰富多样性，意大利各省也单独以自身特色设置不同展区，推广其品味非凡的生活体验。同时，米兰作为主办城市举办众多的艺术、音乐活动，使整个城市弥漫在世博会的欢快中。意大利主馆"城市森林"是园区最大的国家馆，是一次从设计到施工以及材料使用都极具挑战性的实践，其具有光催化特质的光伏玻璃和活性生物混凝土代表了意大利在建筑领域的研究最新成就。展馆内部设计也丰富多彩，参观者可以从时间和空间两个纬度游历意大利，欣赏其丰富的文明史。

在展现意大利的设计、时尚、音乐的同时，意大利餐当然是享誉世界的美味佳肴，每一届世博会的意大利馆餐厅自然都是最受欢迎的聚餐地，意大利世博会的展示，就是让参观者体验其要带给世界"美丽人生"的国家价值观。

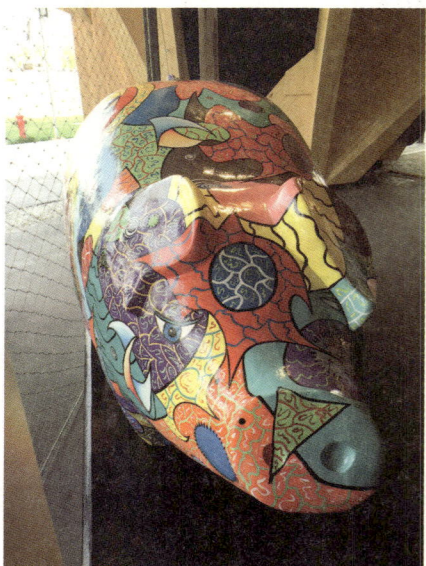

国际展览局总部位于法国巴黎，法国见证了世博会的发展，巴黎也伴随着世博会成为世界旅游的中心，美食之都。每一届世博会，法国馆都是最受瞩目的展馆之一，其充分展示了优雅、浪漫、艺术、注重人文关怀的国家定位。

　　2000年汉诺威世博会，法国馆展出规模庞大，全面展示了法国的历史、文化、科技，而时装艺术、美食、葡萄酒园成为最吸引游客的展项；2005年爱知世博会法国馆以影片的形式讲述了环境与人的哲学理念；2010年上海世博会上，法餐、法式园林给人完美的味觉和视觉体验，米勒、高更等七幅世界名画以及罗丹的雕塑更是带给参观者艺术享受。充满了童趣的"小米宝宝"在展出期间以不断变化的装扮拉近与观众的距离；2015年米兰世博会法国馆主题"富饶市场"，观众得以领略法国农业的历史与美食文化，在餐厅不仅能品尝法式大餐，也能随时购买刚出炉的法棍面包，感受美食的愉悦。2017年阿斯塔纳世博会，法国馆主题是"可持续的发展"，探索解决人类面临的发展平衡问题。

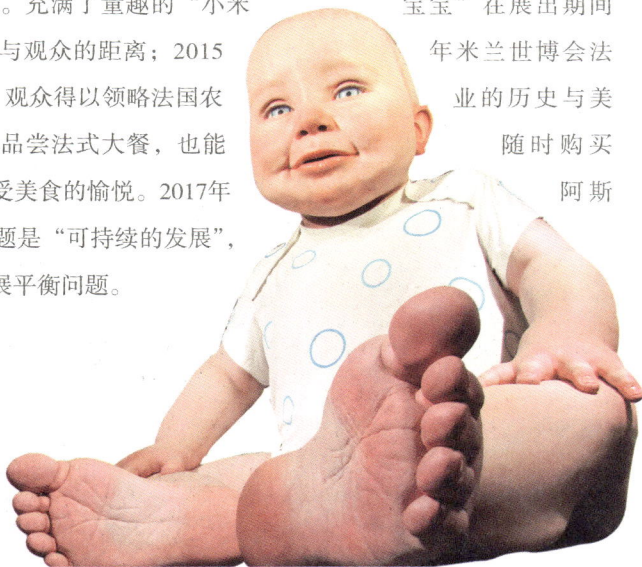

2000年汉诺威世博会西班牙馆主题：西班牙：熟知与团结

2005年爱知世博会西班牙馆主题：分享生活的艺术

2008年萨拉戈萨世博会西班牙馆主题：水与可持续发展

2010年上海世博会西班牙馆主题：三代人的城市

2012年丽水世博会西班牙馆主题：西班牙探索者

2015年米兰世博会西班牙馆：味觉语言

2017年阿斯塔纳世博会西班牙馆主题：地球能源

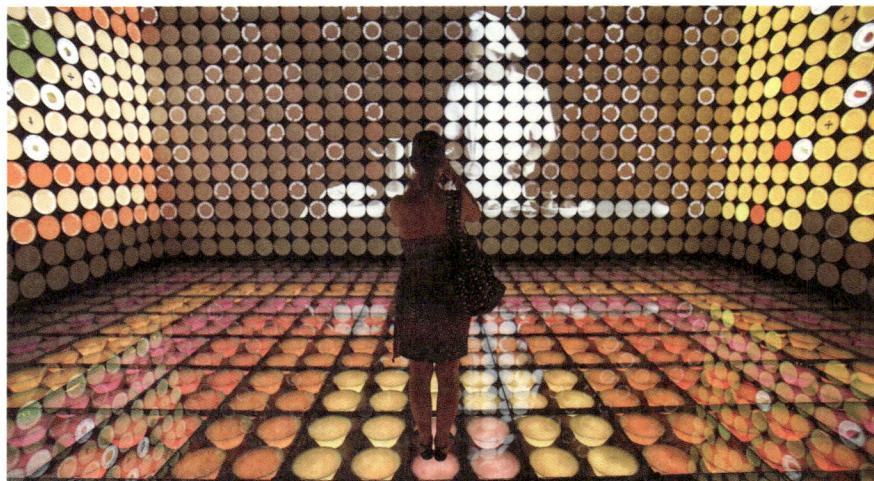

2005年爱知世博会上西班牙馆展示了人类历史上最早的艺术品"阿尔塔米拉洞穴艺术"，另用五个小厅分别展示了西班牙的"自然、艺术、科学、传统、运动"五大主题。

2010年上海世博会西班牙馆采用了与2005年"蜂窝"展馆和2008年萨拉戈萨世博会西班牙馆一脉相承的肌理造型形式，搭建了一座"藤编"建筑物，这也是西班牙特有的传统工艺，独特的造型和绿色环保意识相结合，在世博会建筑中大放异彩。

2015年，西班牙馆设计灵感来自于温室，建筑采用木拱廊的形式。并设置了宽敞的室外空间，便于舒适地体验西班牙的美食和休闲文化。西班牙有以毕加索为代表的艺术大师级人物，所以每届世博会，其艺术展示也是其中的必备展项。在1937年巴黎世博会上，展出的毕加索作品《格尔尼卡》，由于其明确的反战主题，引起了参观者及各国舆论的共鸣，成为以艺术推动人类和平发展最成功的世博会参展作品。

三、民族性

　　遵从自己国家的文化传统，着重从其独特的民族文化入手，体现特有的文化特质，是一些国家常用的展示规划出发点。以韩国、泰国为代表的国家和地区，强化民族色彩以吸引参观者，对其旅游业有极大的推动作用。

2005年爱知世博会韩国馆主题：
生命之光
2010年上海世博会韩国馆主题：
魅力城市、多彩生活
2015年米兰世博会韩国馆主题：
人如其食

　　受古代中国文化影响，韩国从中吸取优秀的哲学理念并进行发展融合，逐步形成具有其民族特点的文化潮流。近些年"韩流"不仅在中国影响巨大，以"鸟叔"为代表的娱乐风潮也席卷全球。尽管韩国的流行趋势越来越在年轻人中广受欢迎，但韩国也保留着其传统中的精髓，并在精英层中发扬光大。韩国馆在世博会的表现也秉承着东亚文化的特性，并尽力摆脱中国、日本的文化影响，寻找区别于中日两国的展示定位。

　　在其参加世博会历史上最成功的一届是在2005年爱知世博会，韩国馆以木、火、土、金、水五大元素来体现人与自然的共生关系，诠释韩国人对生命的理解。在展示手段上以五种元素的代表颜色——韩国人所称的"五方色"规划了五个展厅，充分展现韩国历史与现代的民族发展历程。在世博会上广受好评，荣获世博会金奖。

　　2010年上海世博会以"浓缩的首尔"为形象表达，歌星张娜拉出任形象大使，充分展现了"韩流"文化。2015年米兰世博会上韩国馆迎合粮食与食品的世博会主题，将其餐饮文化中的代表元素——泡菜"酱缸"作为展示符号贯穿在主要展项，使观众了解其美食的同时，体会韩国民族吃苦耐劳、厚积薄发的创造力和民族凝聚力，而这也正是其所要向世界展示的国家定位。

在展馆入口区设置民族歌舞表演几乎成为了泰国馆吸引参观者的固定模式，其精美的装饰，具有宗教哲理的内容和演员独特的肢体语言，吸引人们对这个国家民族文化一探究竟，很多参观者因此把泰国作为假期游览的必去目的地，世博会也成为泰国宣传旅游最好的平台。

与泰国馆相仿，越南馆、缅甸馆在近几届世博会上的民族歌舞也具有其代表性。东南亚国家多是农业国家，自古对大地、太阳有着神灵的感恩和敬畏感，受到古代印度佛教的影响，其不同分支也有着差异化的发展。对于西方观众而言东南亚地区谦和、神秘，具有仪式感的传统歌舞最能体现这些国家的民族特征，也符合其民族珍爱自然、感恩大地养育的心境。

2005年爱知世博会泰国馆主题：
生活的艺术
2010年上海世博会泰国馆主题：
泰式，可持续的生活方式
2015年米兰世博会泰国馆主题：
滋养世界，愉悦世界

2010年上海世博会越南馆主题：
千年历史的河内
2012年丽水世博会越南馆主题：
越南 海洋、岛屿和人民
2015年米兰世博会越南馆主题：
越南 水与莲花

四、地域性

世界的多样性造就了很多国家具有独特的地理、人文风貌，突出和强调独有的地域性特点，也是很多国家馆所使用的设计手段之一。通过地域性的表达，以具有典型特征的建筑或自然形态出现，间接地表达出这些国家对自然的热爱，对发展的渴望。

与强调民族性的展馆不同，突出表现地域性特征的国家馆比较多样性，中东国家、南太平洋国家、北欧国家以及中南美洲国家都有很多成功案例。

在2000年世博会，荣获十大展馆称号的不丹馆，以"冥想的世界"为主题，直接将藏传佛教建筑搬到世博会，西方游客走到其中，被其静怡的氛围，天籁般的佛教音乐所震撼，纷纷凝神屏气，静静感受这神秘的东方世界。

与不丹馆采用同样展示方式的还有尼泊尔馆。尼泊尔是世界三大宗教之一佛教的发源地，其国家馆突出强化这一地域特点。在2015年米兰世博会期间，恰逢尼泊尔发生了强烈地震，世博会组委会特设援助区以响应国际救援，观众在前往尼泊尔馆参观的同时也带去了友好的慰问，体现了世博会大家庭的温馨。

2000年汉诺威世博会上十大展馆之一的荷兰馆以开放式的设计空间分别展示了其奶牛农场、郁金香花园、原始森林及著名的风车景观，展馆体积庞大，结构力学极具挑战性，也充分体现了荷兰人向大海要土地，探索发展的国家发展思路。

而被评为十大展馆第一位的瑞士馆则以另外一种方式体现了其地域性特点。瑞士馆主题为"瑞士乐器"，展馆使用来自瑞士本土的木方直接搭建成开放空间，展览期间配合小型乐队的不定时表演，有一种独特的放松感。木方这种堆放形式恰恰利用了六个月的展期对木材进行晾晒处理，在展会结束后，再直接运回进行加工使用，展馆用地不残留一丝垃圾。这一体现瑞士对自然资源的爱护与巧妙利用的理念，使得观众和媒体都大为赞赏，也充分体现了瑞士设计的超前环保理念。

在2000年汉诺威世博会上，冰岛馆也是人气很盛的展馆，其模拟著名间歇地热喷泉的展项吸引了大量参观者。在2010年上海世博会上，冰岛馆更是突出其冰雪世界的地域性特征。

2005年爱知世博会上荣获金奖的菲律宾馆主题为"种子生命"，创造性地使用其地域特产的椰子壳纤维来打造展馆的装饰，不仅设计构思独特，也体现了其环保概念，荣获世博金奖也是实至名归。

　　中东国家由于其特殊的地理地貌，使得直接展现这一特征成为他们在世博会展馆设计上最常使用的手段。

　　2005年世博会上约旦馆以"世界上水最少的国家"为主题，模拟展示了"死海"这一特有的地域资源，参观者可以在其展馆中设置的"死海"池中亲身体验漂浮的感受，同时通过其他展项来提醒人们珍惜水资源。

阿曼、也门、沙特、阿联酋等中东国家都以极具地域性的建筑形式作为世博会国家馆的主要展示形式。在相同的阿拉伯风格基础上，他们又有着不同的差异化。对于沙特和阿联酋这两个经济比较发达的国家来讲，其在保持传统的建筑元素的同时，融合吸收了欧美外来文化的影响，在展馆设计上邀请具有国际视野的设计师来重新创作具有现代感的造型，以提升其有别于保守阿拉伯传统的形象表达，建造超前设计意识的新阿拉伯风展馆。阿联酋更是要在2020年迪拜世博会上以其引领性的国际创意风格来组织一届世博盛会。

　　在2010年和2015年世博会上，沙特馆都在建筑形式上力求国际流行风格，而采用的元素，如沙漠肌理、椰枣林的元素还是充分体现其独特的地域特征，这种尝试也代表了其试图与国际接轨的同时，保留本身文化特质的探索。展馆也基本得到了参观者和设计界的认可。但在2015年世博会的建筑奖项评审中，同为中东地区的巴林却以更传统的当地民居形式展馆得到更多的选票，从中可以体会到，也许西方国家更希望我们星球上维持地域系统多样性的迫切。

除了中东地区，中南美洲国家、南太平洋地区、中亚国家以及非洲很多国家也倾向于采用地域性的表现方式参与世博会的展出，这不仅可以突出国家特色，让参观者直观地了解其独有地域文化，也可以从展馆建设角度节约相当的经费，毕竟世博会是一项投入比较大的国家行为，而对于这些国家来讲，世博会是最好的旅游推介平台，可以给大量的参观者准确反映其国家传统风貌的展示场。

在世博会的舞台上，各个国家馆都力求展示自己最好的一面。除了以上的几种表现形式，也有偏重于反映娱乐体验、手工艺制作等吸引参观者的展示形式。随着人类发展，不同信仰、不同种族的人们相互学习，相互理解，世界交流的手段越来越便捷，如何准确定位自身展馆是一项相当有挑战的课题。

在规划设计国家馆的时候，突出强调某一方面的特性是成功展馆的一大特征，如果追求大而全，往往会使参观者失去兴趣的重点。在2005年世博会上，俄罗斯馆为了展示其综合国力，介绍了俄罗斯的水、森林、矿物等自然资源，规划了宇宙航天技术、自然灾害预防、氢能源等新能源开发，展示了传统民族服饰、生活起居，带来了古猛犸象化石以及现代科技航天飞机的实物，内容虽丰富但缺乏重点，展示手段属于比较陈旧的博物馆陈列方式，以笔者当时参观的经历，这种图片加实物、模型的展示手段并不符合世博会展示发展潮流。

2010年上海世博会俄罗斯馆在设计上有了很大提升，元素简洁明了，展示元素取材于诺索夫于1954年出版的名作《小无知历险记》，打造了一个世博园里独一无二的童话世界。走进这个充满童趣的展馆，首先映入眼帘的便是色彩斑斓的巨型花朵和水果，绕着高大

的"石柱"盘旋而上通向二楼的"天才城市"。由于展馆是以小朋友的视角设计，所以展馆里的所有展品都有硕大的身躯，让人仿佛已然置身于巨人国。二楼的"天才城市"则是完全以《小无知历险记》为原型，实景再现童话世界。在这座巨人国城市里，下水道是一个硕大的蘑菇，汽车用的是草莓汁等"生物燃料"，房子则是巨型南瓜等水果造型。展馆顶部也暗藏玄机，天花板正是俄罗斯馆展示的第三部分"月亮城"，屋顶镶嵌着一个个圆形屏幕，通过视频播放的方式模拟星际，一艘飞船的太空舱悬挂在布满陨石坑的"月球"上，将游客的视野引入太空。

到2012年丽水世博会，俄罗斯馆简化了主题表达内容，以开放北极资源为主题，将破冰船作为主要展示元素，不仅较好地表达了对自然资源的合理开发

理念，也隐喻地表达了对北极圈的控制力。

2015年米兰世博会，俄罗斯馆重点展现其广袤原野和无垠森林的大俄罗斯气度，以大胆前卫的超悬挑造型建筑体，成为世博会上最成功的展馆之一。

2017年，俄罗斯又从国际地缘政治的影响力出发，注重展示北极航线的探索之旅，在迎合国际社会对北极新航线开通，节约航运资源的前提下，又巧妙的宣誓了其对北极地区拥有绝对的掌控力。

脱离开政治因素，俄罗斯几届世博会的规划设计由繁入简，主题性越来越明晰，也反映了其对世博会的理解越来越成熟的过程。

世博会展馆设计要素

每一届世博会组织者都会提供参展国指南，对展馆场地以及技术要求、环保指标予以指导，这些基础条件在规划设计中需予以重点理解，以便最终方案能顺利通过组委会审核。所以在着手设计准备阶段，要做好以下几项功课：

· 确定展馆定位，规划内在宏观展示脉络。

· 依据组委会指南规则，找出重点作为技术指导原则。

· 调研技术特点、优势，特别是有别于其他国家展馆的独特技术、材料、设备等，以作为设计参考。

· 知己知彼，理解世博会展示发展方向，以前瞻性的眼光规划设计大纲。

在完成上述准备工作后，设计团队应充分组建各类创意、设计和技术人员进行有效而针对性的提案，设计的展开工作应遵循从平面到立体，从宏观到具体，从发散创新到落地的过程。要规划一座成功展馆，确定核心的展示主题后，其外在形式则以主体建筑、室内展示、景观以及附属功能区来具体体现。在规划设计流程上，要着重以下面三项作为重点：

一、视觉传达系统（Visial Identity，简称VI系统）

二、展陈系统

三、影视系统

世博会展馆设计要素

一、视觉传达系统

视觉传达系统（Visial Identity，简称 VI 系统）的理论诞生于美国，是企业形象识别系统（Corporate Identity System，简称 CIS 系统）的视觉识别部分。随着在美国和日本企业的成功应用，设计机构在更广泛的社会领域进行推广。通过视觉传达系统，企业形象和产品会使大众产生认同感，形成良好企业印象，最终促进企业和产品营销。在文化服务体系，视觉传达系统一样有着应用空间。

视觉传达系统的建立是有效提升设计效果的重要手段，在世博会展馆设计中通过对展示主题的解构，对整体设计体系予以指导，以统一的标识体系、色彩管理体系、宣传体系、接待管理系统为规划设计原则，使参观者的视觉感受统一有序，也为展示系统的进一步扩展奠定基础。

日本设计界对视觉传达系统的应用很有心得。荣获2015年米兰世博会展示金奖的日本馆视觉传达系统是以"筷子"为形象符号，色系以日本国旗红色、木本色及金属灰为整体基调。筷子符号贯穿在宣传册页、指示标牌以及展示形象中，在影视厅等候区，礼仪小姐会引导参观者学习使用筷子，在影视剧场"未来餐厅"的桌面，观众也是使用筷子来互动视频系统。通过整体的系统设计，使得展馆形象统一，观众感受的视觉效果有主有次、简洁明快，搭配素色系统恰当地烘托了视频展区多彩的氛围，其筷子所表达的日本精神内涵也得以充分体现。

2005年爱知世博会金奖展馆的韩国馆视觉传达系统使用了韩国文化经典的"五方色系"—青、赤、黄、白、黑，代表东、南、中、西、北五个方向，寓意源于中国古代阴阳五行学说的木、火、土、金、水五种元素，代表构成世界的基本属性，是宇宙万物变化的基础。

"五方色系"不仅应用于标识系统，也应用于礼仪服饰、宣传册、办公区域以及引导系统中。展区也同样运用这五色引导、区分五个展厅，并选用与之相匹配的色系展品，如具有代表性的韩国青瓷、韩国绘画、韩国服饰装饰以及特色工艺品等。韩国馆能够荣获大奖，除了前面所提到的民族性的展馆定位，很大程度归功于其成功的视觉传达系统运用。

2005年爱知世博会西班牙馆运用红、黄、黑三色系统一整体展馆装饰，强化了观众视觉体验，也是经典的视觉传达系统成功案例。

2005年爱知世博会组委会统一的绿色系的使用简洁明快地点明了"自然的睿智"主题思想。

二、展示系统设计

展示系统是世博会最终呈现的实体效果，配合主题定位和视觉传达系统，实现立体形象的展示。展示系统的设计涵盖功能分区规划、建筑系统设计、展陈设计以及技术与运营保障规划等综合设计。从外到内，从整体到局部，综合考虑，使之给予观众在视觉、触觉、听觉等多方面的盛宴。世博会展示系统的特点是要适用大客流、长周期、全天候的参观，这是与普通展览会以及博物馆最大不同的观展体验。

展示系统为：

1. 功能分区规划

2. 建筑系统设计

3. 展陈设计

4. 灯光系统设计

5. 技术与运营保障规划

1. 功能分区规划

不同于其他大型活动，世博会特殊的观众流是设计中必须考虑的因素。展馆中功能分区和观众组织非常重要，每一届组委会都有针对性的规则，有整体的规划指导方案。每个独立的展馆要根据规定指导测算，合理规划展区划分。展馆内除了主要展示区域外，要规划办公区、工作人员休息区、贵宾接待区、展示区、公共通道区、附属功能区等，主建筑体外有园林区、配建设备区、观众集散区等等，另外，在中东、北非对信奉宗教信仰比较广泛的地区参展世博会还应尊重宗教礼仪，规划祈祷室以供相关人员的使用。

功能分区合理的优劣决定着展馆运营成功与否，细致体贴的组织管理可以赢得参观者的美誉，也可以使观众充分领略展馆设计的内容。从规划角度，要考虑普通观众、残疾人士、VIP参观者，合理安排分布工作人员岗位，测算好观众在各参观区的观展时间，据此，要制定人流疏导方案。根据近几届世博会的统计标准，整体展区最佳参观舒适度为每6平方米一位参观者，但实际运营中，热门展馆、假期、乃至一天中的不同时段都可能导致拥挤程度的上升，所以，要制定拥挤程度及服务等级的指导手册，在设计之初就要考虑全面。其原则是展馆各展区衔接采用观众流量的流处理和批处理相结合，结合运营服务疏

导，避免出现局部拥堵，规划快速参观通道，避免交叉或回头线路的设计，针对有集中演出的项目，设计好适宜的场地，入口和出口要适于快速疏散。要特别提到的是，展馆的规划一定要考虑到残障人士的使用，所以展馆内要尽量避免设置台阶，一般以缓坡道为主，且最大坡度要小于10°，在主要的观展区域要预留残疾人设施停靠处。

一般来讲，参观者参观一个展馆的时间控制在1小时左右为宜。对于大型展馆（2000平方米以上）来讲，主影视单元作为大信息量的载体是目前各主要国家馆广泛使用的展示手段，根据世博会客流统计，主影视剧场以每场次容纳200～300人为宜，小型剧场则根据整体规划调整。经过对比与实践，为保证参观者观赏影片的完整性，剧场规划多采用批处理客流分批参观，每批控制时间30分钟为佳，这样，影片播放时常应控制在8～10分钟，以便工作人员有时间为下一场做好准备。

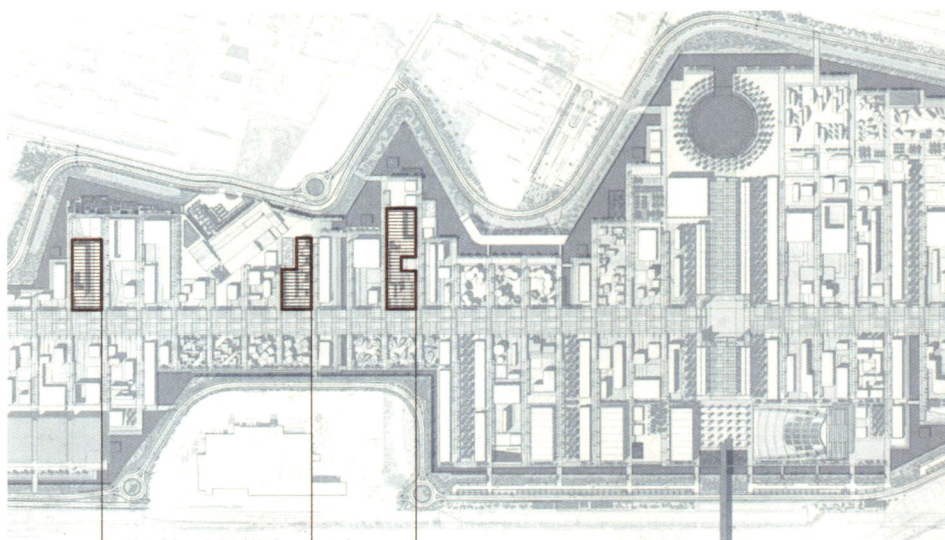

方案 A
地块形态

方案 B
地块形态

方案 C
地块形态

国家自建馆展览场地安排为成对模块.

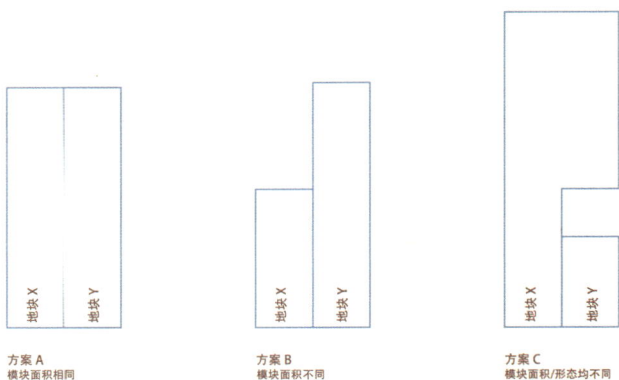

地块 X | 地块 Y

方案 A
模块面积相同

地块 X | 地块 Y

方案 B
模块面积不同

地块 X | 地块 Y

方案 C
模块面积/形态均不同

　　图例是2015年米兰世博会场馆空间安排及类型的分布，每个国家馆可以根据自身需求，综合考量资金投入、活动需求等选择适合自身定位的区块。

展览场地的基本设计规则

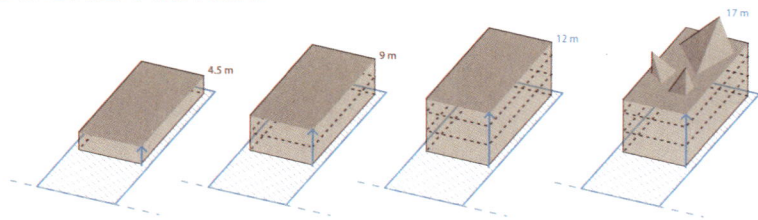

层数

参展者可在建筑覆盖率限度内，自由决定建设多层，但需根据以下规则：
—最大建筑高度固定为12米；
—依据意大利法律条令，室内场地的地面至天花板高度最低为3米。

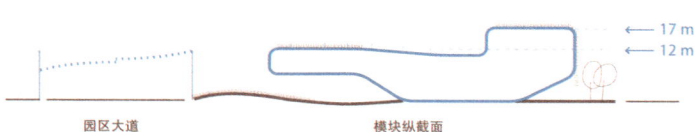

高度

主体建筑高度必须低于12米。任何额外建筑元素（例如天窗、屋顶组件、屋顶的垂直连接、防晒保护、信号装置等）的高度限制为17米。

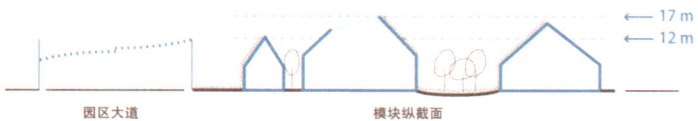

建筑高度-屋顶设计

即使将建筑容积分为多个部分，各部分或任何建筑元素、建筑物部分的最高高度限制为17米。

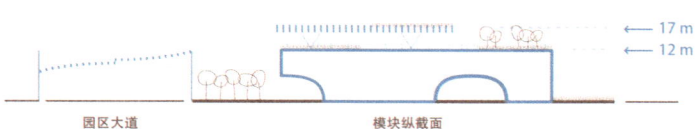

屋顶设计

建筑物可建造屋顶平台，供游客使用。屋顶的绿化率不得低于50%。屋顶设施或结构必须遵循并融入屋顶的景观设计要求。

　　世博会组委会对每一类型区块做了详细的规定，如展馆建设高度、相邻展馆的相互退让空间，与公共空间的衔接关系等等，这些对设计师来讲是必须仔细研读并掌握的。同时，实施团队还要根据组委会施工指南，详细掌握水、电、气等配套位置，运输通道及施工实施区域边界等综合信息。

参观动线-不同模块规划图

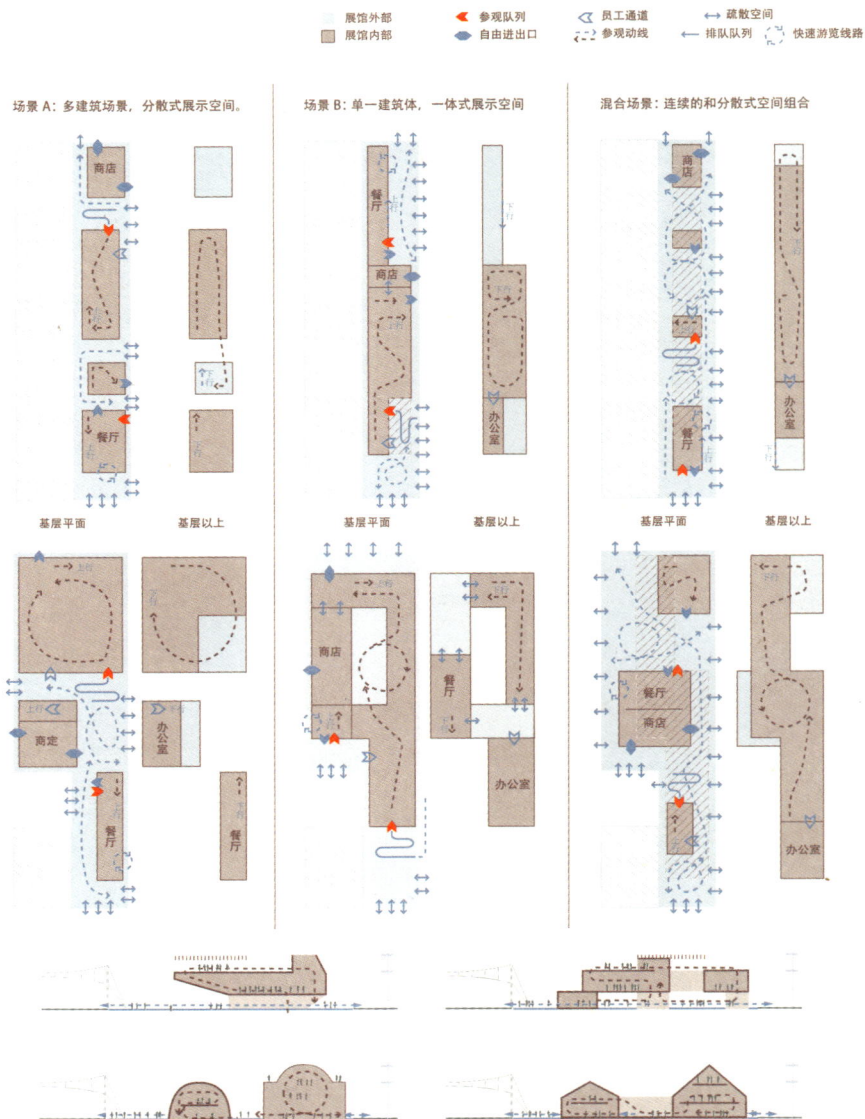

图例：展馆外部　展馆内部　参观队列　自由进出口　员工通道　参观动线　疏散空间　排队队列　快速游览线路

场景 A: 多建筑场景，分散式展示空间。

场景 B: 单一建筑体，一体式展示空间

混合场景：连续的和分散式空间组合

基层平面　基层以上

　针对每一种类型展馆，组委会一般会给出观众流线指导建议，这主要是组委会根据整体世博会园区的人流量测算得出的参考值。参考值对于展馆室内空间的分布来讲非常重要，设计师据此可以合理规划人流动线，制定适合的批处理或流处理的人流方案，以及区分VIP、工作人员出入动线等。

通道及展览区域的空间等级

空间等级	流畅性	参观空间 （平方米／人）	参观流量 （人／分钟／米）	
A	自由	> 5.6	≤16	
B	较自由	5.6~3.7	16~23	
C	稳定舒适	3.7~2.2	23~33	
D	受约束	2.2~1.4	33~49	
E	拥挤	1.4~0.75	49~75	
F	堵塞	< 0.75	随机	

除特殊情况外，拥挤程度指标不得超过D或限制性消防法规水平

观众等候/排队区的空间等级

空间等级	参观空间 （平方米／人）		
A	> 1.20	可在等待区移动，而不会干扰到站在队列中的人	
B	1.20~0.90	尽管可用空间较小，仍可在不干扰站立的人的情况下穿过该区	
C	0.90~0.60	这种服务水平可干扰某些排队的行人，然而，等待区的密度仍可保证个人舒适度	
D	0.60~0.30	无法在不干扰其他人的情况下排队；区域内的流通严重受限，只可能在人群中穿过，密度导致不舒适	
E	0.30~0.20	不可避免的与其他行人产生肢体接触；区域内无法流通，无法在不产生严重不舒适度的情况下，长时间持续此种密度	
F	< 0.20	等待区中的所有人均有肢体接触。密度导致极端不舒适，人无法移动，有可能引发恐慌	

除特殊情况外，拥挤程度指标不得超过D或限制性消防法规水平。

数据来源：2000年华盛顿特区国家研究委员会《公路容量手册》AA.VV.

世博会人流密度分布不均，在热点时间、热门展馆有时会聚集大量参观者。保证每位参观者在展馆中合理、舒适的参观体验是设计原则之一，所以，在展区规划中，要测算各个展区的参观速度与疏散时间，避免出现拥堵，尽量平均分配各展项的参观流，以此估算参观时长，并计算评估馆外候场时间。

2. 建筑系统设计

在注册类大型世博会上，建筑设计是最具挑战性的环节，优秀的建筑应具有独特的个性、良好的展示功能性以及经济环保性。世博会的建筑有自己的特点，多数展馆不属于永久性建筑，设计团队对主题概念深入思考后，可以充分发挥想象力，探索使用最新建筑材料、环保材料以及最尖端实验技术进行具有前瞻性的设计，因此世博会历史上很多设计实施推动了新型材料在行业的应用。拉伸膜结构建筑材料的使用就是最先应用于世博会展馆，2015年米兰世博会意大利馆使用的活性混凝土材料也是在建筑上第一次使用。此外，如立体绿植墙面，3D打印建筑体部件，液压

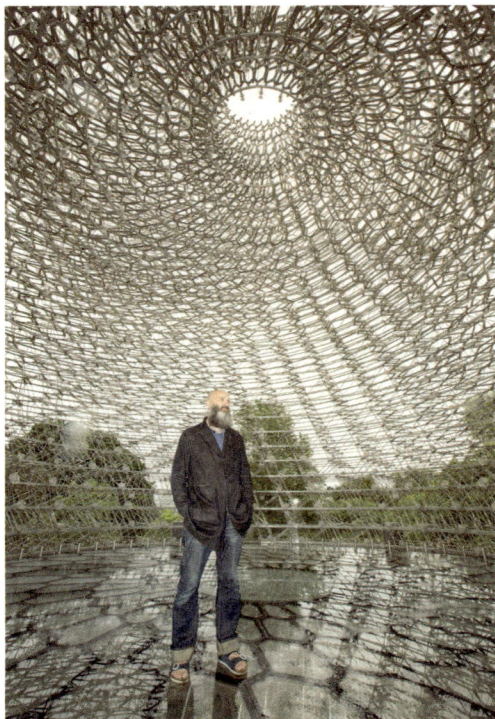

动态机械装置以及光伏、纳米技术等都广泛应用于世博会展馆应用中，可以说世博会的建筑设计是世界最高水准的建筑探索性实验体，为人类建筑学科的发展提供了无限的可能。除了2000年使用回收纸基做主材的日本馆，2010年上海世博会使用发光纤维的英国馆的成功案例外，还有很多展馆通过新型材料的选择，突破了结构力学的局限，使展馆建筑具有强烈视觉冲击力的同时兼具超前的规划理念。世博会展馆的设计也成为国际知名设计师、设计事务所所展现风采的最佳舞台。现代建筑大师扎哈最著名的代表作就包括2008年萨拉戈萨世博会上设计的"桥梁馆"。因世博会而建设的埃菲尔铁塔、布鲁塞尔的原子球塔等等都已经成为世界著名的地标性建筑，在当时的年代，都是超前设计概念和创新工艺、材料的结合。

2015年米兰世博会英国馆"蜂巢"，由诺丁汉的艺术家沃尔夫·巴布托（Wolfgang Buttress）联手设计师和工程师特里斯坦·西蒙兹（Tristan Simmonds）设计创造，BDP建筑和建筑制造公司Stage One共同参与项目的建设。其14米×14米×14米的金属结构中的铝合金空心球体具有极大的挑战性，在力学、材料学的研发外，其内部嵌入的视听设备以及LED发光组也进行了针对性的布设，使其产生所需的震动频率和嗡鸣声。

灵感来源于莲花的越南馆由吴宗吉建筑事务所（Vo Trong Nghia Architects）设计，以竹木结构组建。莲花是越南的国花，象征着纯洁、承诺和对未来的乐观主义。

30米超长悬挑结构的俄罗斯馆，配合内衬抛光不锈钢，形成一面巨大的镜子，使观众感受到的不是结构的压迫，而是与环境融合的乐趣。悬挑结构之上的空中花园，则是一派宽广酣畅的视觉享受。

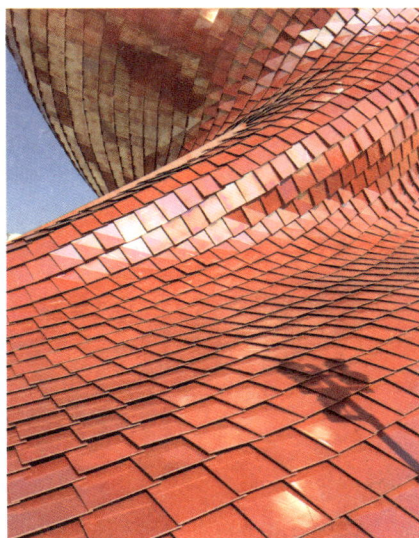

3D打印技术所辅助制作的米兰世博会中国万科企业馆的表面材质，由著名建筑设计师丹尼尔·里伯斯金（Daniel Libeskind）设计，其蜿蜒富有层次的红色釉面三维石板依靠计算机系统生成数据制作。

3. 展陈设计

展陈设计是观众进入展馆后贯穿始终的体验区域，决定着观众最深刻的参观感受。一般来讲，从功能上展区分为序厅、主展示区、重点互动或影视多媒体区、尾厅等几个部分。展陈也是围绕展馆主题表达而配备的各项展示硬件，包括观赏型、体验互动型、沉浸式体验等，展陈的布置要疏密有致，不能使观众流形成拥堵，在体验项目中，设备的抗疲劳度是必须检测的指标，因为世博会少则三个月，多则六个月的展期，每天都要接受参观者的考验。

展陈设计的原则就是要调动参观者的视觉、听觉、触觉，使之通过感官体验来认知和体会展示主题。

意大利馆展厅通过图像反射设计成迷宫般的视觉效果，使人沉浸其中，感受自然之美。德国馆通过聆听，结合环境的营造，体会自然界的天籁之音。

俄罗斯馆展示的俄国科学家发现的提取自自然界的化学元素周期表，有序而统一的陈列展项方式。

触摸式互动展项和体验式互动展项是很多展馆使用的展示方式。这类展项对设备性能和抗疲劳度是一种考验。

观赏类展示品则由于其娇贵或艺术价值较高而会设置特别保护距离。

4. 灯光系统设计

在世博会发展历史上，照明技术的突破创新为世博会展示带来了更好的视觉体验。世博会展馆的灯光涵盖了照明系统中最广泛的技术应用，从外部讲有建筑轮廓照明、园林氛围照明、步道引导照明等，内部则有场景照明、舞台照明、展品照明、应急照明等等，作用不仅仅是展现实体空间，也是营造虚拟空间氛围的重要手段。通过系统设计，强化展示特点，虚化过渡空间；通过虚实、明暗的变化交替，使展馆的参观节奏富于变化，丰富参观体验。

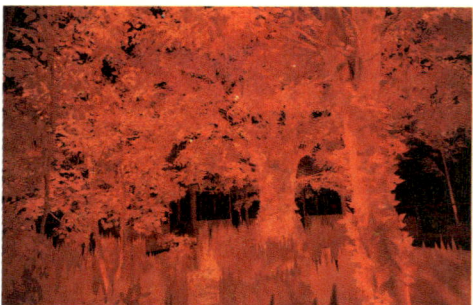

世博会展馆需要有针对性的灯光设计，设计者需从色温、饱和度、强弱、泛光源、点光源、照度、投射角等多方面综合规划。其中，我们需要特别注意的有三个方面：

（1）色温（K）

标准白色值为6500K，通常我们感受的白色值约为4000～5000K，大于5000K偏冷色，会给人清凉的感受，而小于4000K的数值就逐步偏向黄色，给人温暖厚重的感觉，所以，在世博会展馆灯光设计中，要根据所需选用相应的色温灯具进行布置。

（2）照度指数（Lx）

1Lx相当于1流明/平方米。照度对于参观者的舒适度影响很大，合理的空间和展品的照度能使观众有良好的观展体验。一般来讲世博会内部空间整体最佳照度均值为300～500Lx为宜，对于展品则要区别对待，纺织品、彩绘、中国画等对光特别敏感，照度标准应控制在50Lx，油画、象牙制品、木制品等可控制在150Lx，而对光线不敏感的陶瓷、金属制品等照度值在300Lx。

（3）演色性指数（Ra/CRI）

演色性指数越高，表示物体在该光源下显示的颜色与在太阳光照射下的颜色越接近，其色彩失真度越小，这对于需要展示物体本身色彩来讲是至关重要的指数标准。

这三个指数对于展示效果非常重要，随着灯具研究的进步，我国在照明设备的硬件上已经与国际同步，对灯光的设计研究也得到长足的发展。在2015年米兰世博会上，我们使用了在灯具研发和照明系统集成方面处于领先地位的极成广电公司的不同类型灯具，并邀请清华美院专业灯光设计师进行展馆照明布置，结合中国馆建筑特点，融合半透明体屋顶的自然光源，通过点光源、线光源和面光源的组合，使中国馆从白天到夜晚均呈现良好的照明效果，这也是中国馆首次在世博会展馆设计中，对光线进行了较深入的探索，为世博会展馆的照明系统设计提供了很好的研究样板。

2015年米兰世博会中国馆屋顶框架结构，通过自然光、轮廓光以及下面LED阵列展项的反射光照射，充分展示出建筑结构的美感。采用的灯光程序控制系统会根据自然光线的变化，自动调整灯具照度。

5. 技术与运营保障规划

随着技术进步，展示手段已经越来越摈弃陈列式、沙盘式的展示方式，随着互联网的发展，信息技术的应用为丰富展示手段提供了广阔的空间，无论是二维码、APP还是穿戴体验设备，都越来越多的应用于世博会展馆。但也需要注意的是，类似头戴式VR（虚拟成像）技术在客流量大、使用频率高的场所并不适用，所以，选用怎样的技术手段，要应环境而定，不能为了技术而技术，技术的应用最终要服从于展示主题的需要。

展馆建设与运营离不开各项技术保障，现代科技成果不断应用于各种展示方式中。设计团队要及时了解各类前沿技术，拓宽思路，这样才能设计出与众不同的展示方案。技术工程师要保障各种技术环节的稳定，成功的展馆需要配备坚实的技术团队支撑，所以无论是设计阶段、筹建阶段还是运营阶段，技术保障团队是不可或缺的幕后力量。另外，给水排水系统、强弱电系统、空调、消防、安保监控、应急照明系统等常规建筑技术应用，也是技术保障团队的管理范畴。

2015年米兰世博会意大利馆的高清3D成像技术。

2015年米兰世博会日本馆镶嵌在建筑结构上的温、湿度测量设备也成为体现其技术的一种展示。

2015年米兰世博会日本馆信息流技术，观众可以使用手机登录日本馆APP，在展项区域靠近媒体流设备，下载自己喜欢的图片，点击图片可以链接到指向网站，查阅更多咨讯。

2012年丽水世博会中央数码长廊，观众可以用手机下载官方APP，上传自己感兴趣的照片，众多的照片会实时组成鲸鱼图案，游动在长廊中。

2012年丽水世博会法国馆的彩色机器鱼展示。

三、影视系统设计

之所以把影视系统设计单独独立出来，主要是它具有独特的跨学科属性，在很多展馆应用中，影视系统有别于前面所提到的主题定位和视觉传达系统（设计指导核心）以及展示系统（功能导向核心），它是主题阐述的核心，是最主要的主题诉求手段。在世博会的舞台上，不同于大众电影、戏剧，而是更具高度灵活的表现手法，创意性和短时间内浓缩传播的特点，其难度是其他影视形式所不能比拟的，其创造性也给了设计团队充分的发挥空间。

随着技术进步，影视系统所特有的大信息量载体的特性逐步成为世博会展示手段中不可或缺的组成部分，其多样的表现形式也特别适合世博会大客流、多场次的特点，世博会也为视频系统的应用提供着广阔的推广舞台，成为让大众体验 IMAX、球幕、多维度等创新影视系统的先锋。

　　日本馆是使用影视系统比较成熟的展馆。2008年萨拉戈萨世博会日本馆主影厅采用两层楼高的三面环巨型屏幕，画面采用日本浮世绘的手法，展馆吉祥物化身其中，引领观众领略日本从古到今的水利发展，最后正面屏幕从中间裂开，瀑布般的水流从二层楼倾泻，场面相当震撼。2005年爱知世博会日本馆则采用日本庭院式剧场，画面展现日本的四季之美。2010年上海世博会日本馆展馆面积达6000平方米，规划了可容纳600人的主影视厅。2015年米兰世博会日本馆采用全景沉浸式的影视系统，让参观者置身于系统所营造的荷塘、稻田等意境中，配合虚拟成像的农耕祭祀舞蹈人物，使观众体验日本农耕文化的传统美感。

　　美国馆、德国馆、韩国馆也在近几届世博会上大量使用影视系统。系统的创新性也表现在不同接收影像的媒介、影院环境的布置以及虚拟成像的配合等，传统的影院座椅式观影逐步被升级换代。

2017年阿斯塔纳世博会英国馆使用了悬浮环幕展现了英国纯净自然的风光之美。

2017年阿斯塔纳世博会德国馆使用地屏展现震撼的"能量秀"。

2005年爱知世博会加拿大馆使用多层纱幕结合坡地剧场,展现极具梦幻的儿童梦世界。

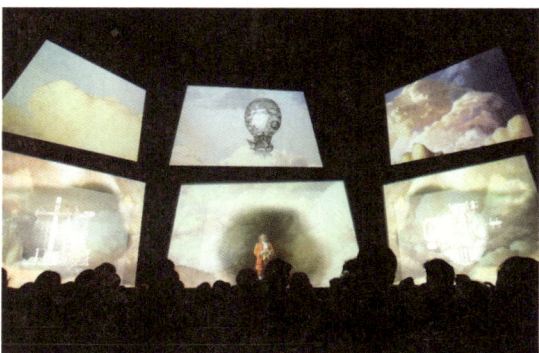

2005年爱知世博会美国馆使用多折幕分屏表现电力发现带给人类的划时代意义。

除了主影视厅大尺度、高功率的系统集成展示外，展项中各类辅助视频系统也极大的丰富了展示手段。这些系统不依靠宏观的场面和震撼的音效，往往是以与观众近距离的互动形式出现。这种视频系统的难度在于与观众的近距离接触中其制作的细腻程度与设备的可靠性。特别需要注意的一点是亮度的舒服度要控制好，避免强光对眼睛的刺激。

2005年爱知世博会英国馆虚拟电子书。

2015年米兰世博会日本馆信息流视频技术，该技术拟大范围应用于2020年东京奥运会。

2015年米兰世博会韩国馆视频阵列展示，形成强烈的视觉延展效果。

世博会展馆施工、运营管理

有别于公共建筑，世博会展馆的建设有着严格的周期限制，世博会开展日是确定的时间，故此，高效、严谨的施工管理是关键。从实践来看，世博会展馆的建设涉及科目多，新技术、新工艺多，材料采购和安装工序复杂，所以要在倒排工期的基础上预留出足够的调整时间，为此，世博会组委会也常常预设开幕前半个月作为试运营期，以便根据反馈调整处理不同情况。

　　监理是保障展馆建设的基础，监理团队要熟悉图纸细节，掌握所在国、组委会对施工的技术规范，在现场规划安排好实施区域。实践证明，每天做好监理日志，每周召开现场协调会是良好的现场管理方式。甲方代表、施工方驻场经理、设计方代表、第三方机电、展项技术安装团队代表以及运输方各自利益诉求需要平衡，掌握的原则是以时间为节点，安全为要务。

“细节决定成败”

　　由于世博会的展示是近距离与观众接触，所以，细节的完善度非常重要，在笔者的实践工作中，以下几个方面要作为制作项目的检查管理重点：

　　1．视觉效果，反映在大的方面是实体的结构和装饰色彩的视觉冲击力，小的方面是细节的处理。展馆的整体造型的制作处理是否达到了设计图纸的规范要求？是否符合设计师所要表达的直线、转折、弧度、流畅性等的美感要求？色彩的标色是否准确？影视画面的处理是否精良？分辨率是否符合设计要求？展项制作的细节是否处理干净？

　　2．听觉上面，展馆各部位的音效是否有干扰？音响参数是否匹配？音域范围是否符合大多数类型参观者？应急音效设备的实效？

　　3．触觉方面，设备的灵敏度是否达到设计指标？触控设备的抗疲劳度是否经过测试？碰触面是否符合安全要求？互动体验是否符合不同年龄段的参观者？

　　在视觉、听觉、触觉之外，建筑项目上的给水排水、强弱电、灯光控制系统、电器控制系统等等这些一系列的制作施工处理都要不断检验，力求完美，要用工匠精神来要求制作方。在这方面，日本馆、德国馆、英国馆都是很好的学习样板，制作上的精细给予观众很好的感观体验。

　　在项目的验收中要包括运营管理方，这是为了展馆能够顺利运营的衔接。世博会不同于我们城市中常见的建筑项目，它在竣工完成后要立即接受大客流量的参观考验，且要连续运营数月时间，运营压力很大，筹备期工作细致，运营期就有保障。

随着世博会的不断成熟和发展，世博会运营管理已经成为一类细分产业，在国际上已经有成熟的市场运营管理公司来专项承接世博会运营服务。专业、高效的运营管理团队对展馆的最终效果呈现非常重要，也是除展馆规划设计、建筑展示等硬件外最重要的软件匹配，是展馆能否取得成功的要素之一。管理，就是要有规范的管理制度，制定适应世博会特点的礼宾接待及活动运营方案。世博会展馆接待活动类型主要有如下几类：

1.开、闭幕式活动。世博会组委会都会组织盛大的开幕式活动，节目丰富，往往会有世界级明星助阵，活动也往往成为世界新闻的热点。有些国家馆也会根据所需另行安排开馆仪式。伴随着仪式开展，出席世博会的嘉宾对主要

2012年韩国丽水世博会，中国馆外引导人流的礼仪人员。

参加国展馆进行巡馆是世博会礼仪的重要部分，这也是对各展馆运营管理的一次重要考验。闭幕式则根据情况有所不同，但相关礼仪运营接待工作一样要细致安排。

2.馆日活动。国家馆馆日活动是世博会的一大特色，馆日往往有国家首脑级官员出席，是对世博会主办国及国际展览局组委会的一种支持，也是展现各国文化发展，推广国家影响力的一次最佳宣传良机，成为参展国一次文化外交之旅。对于国家馆馆日活动，运营团队更肩负了代表国家形象的责任，完美的礼仪，严谨的接待流程都需要管理团队事前细致的流程安排以及试彩排，以做到万无一失。

3.主题活动。主题活动是各馆根据自身需求举办的文化、商业等交流活动，需要运营团队合理规划活动的时间、场地及配合嘉宾邀请等，原则是在不影响正常的展馆参观安排的基础上，更好地调整日常参观流程，让观众有更丰富、更有意义的参观体验。常见的形式包括选取幸运观众，设立专项主题日，馆际交流等等。

据此，世博会运营管理团队根据所需，应针对性设立礼宾接待部、外协联络部、市场管理部、技术保障部、安保保洁部、后勤管理部等部门。礼宾志愿者团队要合理排班，如果条件允许可以按每日二、三班轮次来配备团队。

2015年米兰世博会，西班牙王后莱蒂齐亚（Letizia）出席西班牙馆馆日活动。

2015年米兰世博会，美国第一夫人米歇尔（Michelle Obama）参与美国馆互动主题日。

中国馆主题定位思考与实践

中国
China

行万里路，读万卷书。在人类历史长河中，文字的出现见证了人类文明的发展，艺术创作丰富了世界的精彩，这些精神层面的享受，是人类发展的宝贵财富。世博会很多国家展馆，如波兰、捷克等国家馆，往往不以高科技展示为主，而是挖掘其对世界有影响力的文学作品、戏剧艺术作为展示重点，以此突出国家层面的整体素质，让观众体会其深厚文化积淀。

回顾历史，比对世博会上众多获得好评的国家展馆，可以看到，这些有着丰富世博会参与经验的国家都具有延续性的、明确的国家馆主题定位，且具有清晰、简洁的主题表达方式，其特点是充分体现本国在某方面对于世界的影响力、扬长避短，聚焦于亮点内容的展示。在展馆方案的研究过程中，以参观者、普通大众的角度出发去制定展出方案是基本原则。曾有某国家展馆设计团队讲述他们的筹备团队构架：团队中除了有建筑师、展示设计师、视觉设计师外，还有文学家、艺术家、诗人、教授，以及在突出领域有贡献的科学家和哲学家，甚至还邀请了心理学家作为专家顾问团队，这样才能通过不同概念、不同思考方向的集合，逐步归纳出适合本国国家馆的主题定位方向，以此为出发点，结合世博会观众群特点，最终确定展示方案。

近一个世纪以来，随着人们意识到战争、自然资源掠夺带给世界的灾难，人类更珍惜人与人之间的友爱，更向往与自然和平共处。世博会的发展趋势也更多以保护自然，可持续发展，人与自然和谐共生的人类共同目标为主要的主题表达，而这正与中国传统文化中，天人合一、道法自然等优秀哲学思想相一致。

所以，发掘我国传统文化核心内涵，应用于世博会主题表达，利用世博会中国馆宣传平台，向世界传播这一几千年前中华民族所领悟，进而崇尚的人类智慧结晶，正是贯彻了文化自信的理念。

历史上中国曾多次参加世博会，但真正让世界重新认识中国是从1982年美国诺克斯维尔世博会的中国馆开始。随着中国改革开放的步伐，我们与世博会一起发展一起成长，并在2010年成为世博会的东道主，成功的组织工作让世界为之赞叹，中国国家馆的主题定位也越来越清晰地展现出来。

中国馆
CHINA PAVILION

在往届世博会亮相的中国馆多以浓烈的中国元素符号出现，长城、兵马俑、中华门，观众也很喜欢参观这些来自东方文化的经典。随着中国更加开放，西方观众对这些符号已经了解颇多，他们需要更多地探知这个文明古国之所以延续至今的奥秘。而这一奥秘，笔者认为就是中华民族先人所创造的至今看来依然领先于世界的哲学思想。

2000年汉诺威世博会中国馆尝试摆脱传统符号束缚的模式，以新世纪改革开放的一些新观念来规划中国馆，通过信息高速空间的展区、宇航登月的畅想等展示中国新的发展思路；同时三峡大坝、三北防护林的展项也有益体现中国对资源的利用与环保意识的增强，中国馆总计投资100余万人民币，投入制约了很多想法的实现，对世博会理念的理解也处于重新定位中。对于初次参与中国馆设计的笔者来讲汉诺威世博会是一次难得的学习和锻炼机会。

在2005年日本爱知世博会观摩学习的基础上，2008年西班牙萨拉戈萨世博会笔者作为设计和施工主管参与中国馆的规划和实施，中国馆主题确定为"水利天下 大河文明"。下面这段中国馆的引言充分体现了展馆的定位：

·她拥有举世闻名的两条大河——长江（6397公里）与黄河（5500公里）；她的万千河流分别汇入三个大洋——太平洋、印度洋和北冰洋；她的初民相信自己立于"四海之内"，因此称这块土地为"中国"（Middle Land）；她拥有5000年的历史；她用世界上7%的淡水资源养育着当今世界20%的人口。

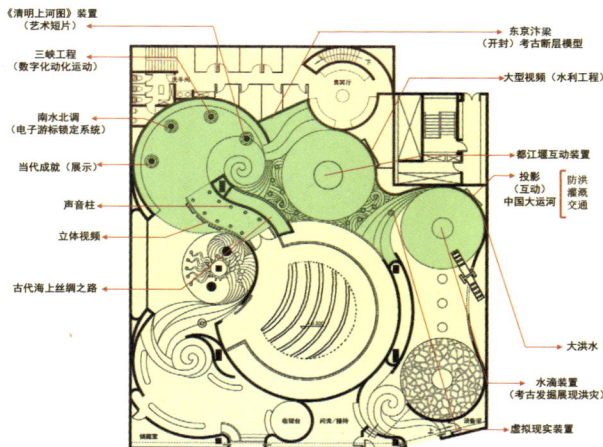

《清明上河图》装置
（艺术短片）

三峡工程
（数字化动化运动）

南水北调
（电子游标锁定系统）

当代成就（展示）

声音柱

立体视频

古代海上丝绸之路

东京汴梁
（开封）考古断层模型

大型视频（水利工程）

都江堰互动装置

投影
（互动）
中国大运河

防洪
灌溉
交通

大洪水

水滴装置
（考古发掘展现洪灾）

虚拟现实装置

·她的历史同时是一部治水史：治水催生了她的第一个朝代——夏；治水造就了她的第一部法典，像摩西十戒律一样古老的《洪范九畴》；在无数治水奇迹中，2000年前开凿的大运河至今仍为世界运河之最；治水也造就了它的独特社会政治形态，马克斯·韦伯等因此称她为"治水社会"（Irrigation Society）。

·她还有悠久多元的"戏水"传统：绵延千载的端午节是这个传统的典型代表；南中国的"水乡"生活处处充满水趣；馨香飘远的茶文化让她享有"茶国"的美誉——因为这个缘故，西方人在听到China一词时更多想到的是"瓷器之乡"，而不是Middle Land。

·她一向崇尚水德："上善若水"，谦虚平和被引为君子的美德；"大国者下流"，博大宽容被奉为大国的境界。她的许多朝代拥有当世最庞大的舰队，她在1000年前就开辟了"海上丝绸之路"，但她从未书写过一页海外侵略史。谦虚平和，博大宽容，这种水德在她今天提倡的和谐社会与和谐世界理想中再度弘扬。

如果说全球化进程肇始于外向型的海洋国家，中国在数千年里却一直是内向型的"大河文明"。今天，历史要求她向海洋开放，向未来开放。开放使她在自己的特殊历史中发现了普世性的价值资源——谦虚平和，博大宽容，这样

的水德难道不是这个充斥着傲慢与偏见的世界最需要的吗？有趣的是，无论您是讲哪种语言，只要您看到中国书法中至今仍然使用的"水"字，一定会感到十分熟悉亲切，它难道不是一个真正的世界语吗？

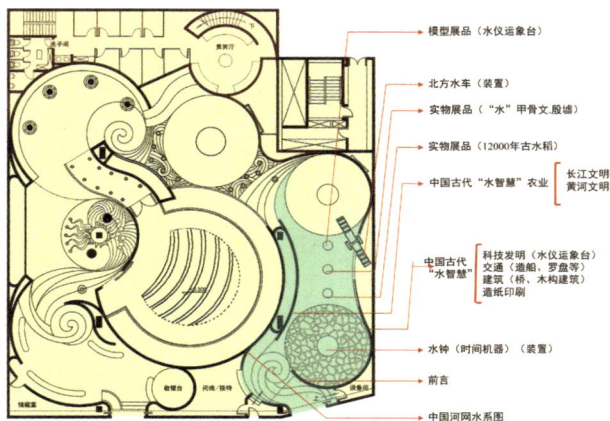

明确的中国馆定位，为后续的设计规划工作提供了指导基础，在展馆平面布局和装饰图案选择方面，中国传统理念所孕育出的传统纹饰被提取归纳应用于标识、吉祥物及内部装饰，主体影片则落实在"水德"这一中国智慧，以水墨形式体现"上善若水""水利万物而不争"的中国道德观。这次中国馆的探索使笔者逐步清晰了国家馆的定位问题，由此，如何体现中华民族文化的优越性成为指导世博会设计规划的主旨。

在2010年上海世博会召开的同时，2012年丽水世博会中国馆的筹备工作也在紧张进行中。笔者作为中国馆设计和施工总监，对于继续探索、明晰中国国家馆定位是一次很好的良机。提出了运用"海纳百川"，"水能载舟 亦能覆舟"的哲学思维来贯穿展项的设计，以诠释中国馆"人海相依"的主题表达。在设计阶段，要求从标识系统、色彩系统、展示系统、影视系统以及运营管理等方面都要有统一的体系贯穿，从主要展项上，要体现中国人"海纳百川"的气度，体现出人与自然和谐共生的理念。

2012年韩国丽水世博会中国馆采用招标形式确定最终设计规划实施团队，北京点意空间展览展示有限公司依托上海世博会运营的丰富经验，全方位的组织协调能力和完备的设计规划团队，从众多投标单位中脱颖而出，其团队的国际化视野保障了项目的顺利进行。

经过多方调研，国家一级保护动物，具有典型中国符号象征意义的中华白海豚被确定作为贯穿展馆的线索。这一可爱而又充满灵动的珍稀动物形象为设计的展开提供了灵感。

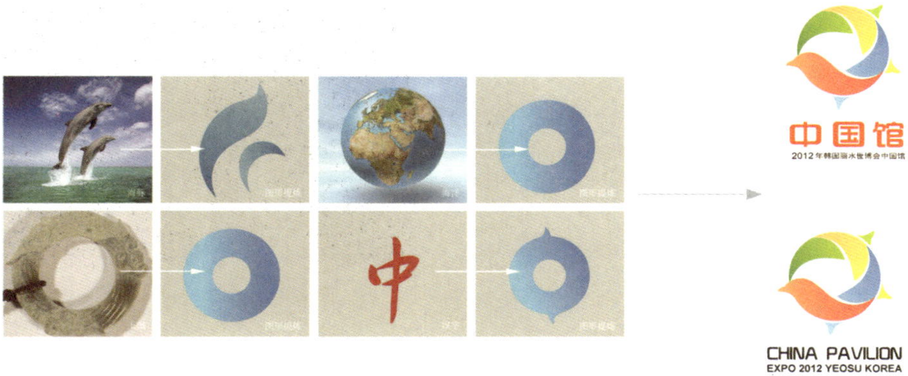

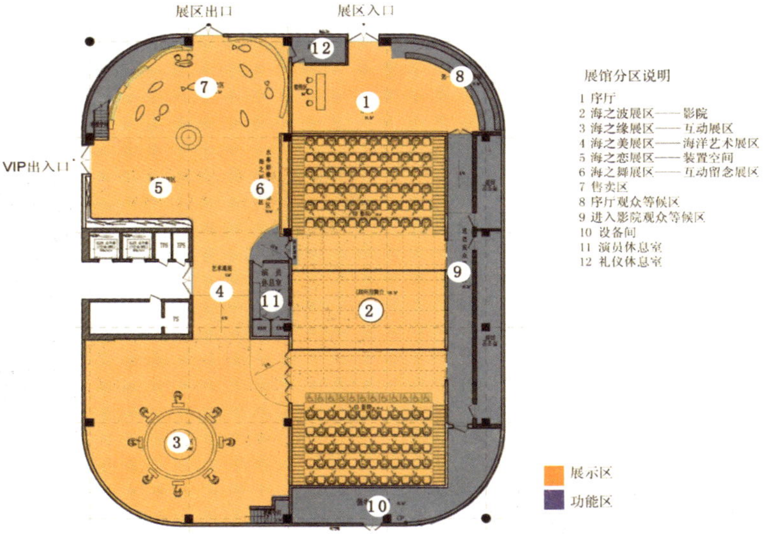

中国馆
2012年韩国丽水世博会中国馆
CHINA PAVILION
EXPO 2012 YEOSU KOREA

展区出口
展区入口
VIP出入口
1
2
3
4
5
6
7
8
9
10
11
12
展馆分区说明
1 序厅
2 海之波展区——影院
3 海之缘展区——互动展区
4 海之美展区——海洋艺术展区
5 海之恋展区——装置空间
6 海之舞展区——互动留念展区
7 售卖区
8 序厅观众等候区
9 进入影院观众等候区
10 设备间
11 演员休息室
12 礼仪休息室
展示区
功能区

中国馆标志以海豚造型为主要设计元素，图徽中的海豚在海洋中追逐嬉戏，形成一个圆圈，表示着海洋生态系统的彼此关联和相互作用，强调了保持海洋生物多样性的重要性。同时，蓝色代表海洋、黄色代表陆地、绿色代表自然万物、红色代表人类，传达了人海相依、共生天下的主题理念。吉祥物海豚宝宝是一只正在欢快跳跃的海豚，海豚精灵则代表着中国馆热情欢迎四海宾朋。

中国馆外观以颇具中国传统艺术特色的渔民画的表现形式为设计要素，表现手法上吸取具有海洋色系特点的中国青花的色彩韵味。

中国馆内部划分为三大部分，分别为海之波展区、海之源展区、海之恋展区。在三大展示内容中辅以部分功能区域：序厅——等候区——海洋文化走廊——观众互动区和售卖区。

海之波展区核心是海豚活力剧场，

由两个影院和位于影院中心的表演舞台组成一个双幕剧场，主题影片《海歌》融合了中国传统粉彩结合杨柳青年画的动漫风格，讲述了一个中国小女孩与白海豚之间友爱的故事，通过过去、现在和未来三个时间段推动剧情发展，体现中国人对"人海相依"的海洋价值观，借此融入了中国文化"海纳百川""水能载舟 亦能覆舟"的哲学思想。衔接双幕剧场影片的结尾，剧场地面的视频地坪配合人物表演将观众带入最后的高潮，独特而具有浓烈民族风格的演绎，受到参观者的赞赏。

海之源、海之恋展区则从中华白海豚的保护引申开，讲述了中国在海洋和海岸开发与保护方面做出的努力及取得的成功经验，而具有未来海洋可靠意义的蛟龙号深海探测展墙、"南极冰芯"装置、与南极科考站对话等展现丰富了中国馆内容，也全面展示了中国对海洋研究的丰硕成果。

2012年韩国丽水世博会中国馆以其新颖的设计、精彩的展示、丰富的活动和优质的服务获得了各界的广泛赞誉，自开幕以来一直是园区最受欢迎的展馆。国展局秘书长洛塞泰斯先生高度评价中国馆，认为这是他在国展局工作20多年以来在国际舞台上看到的最好的中国馆；世博会评奖团对中国馆给予充分肯定，最终中国馆以新颖的表达形式以及统一的民族形象特征，首次获得世博会最高奖项——A类展馆创意展示类"世博会奖"金奖。

2015年米兰世博会对于中国馆来说是极大的挑战。经过前期调研，中国馆组委会认为，随着中国国际地位的提升，中国馆应该以更具代表性的形象出现在世博会舞台。最终，通过高层领导确定，中国馆挑选了展区最大展示模块，首次在境外以自建馆形式展出。据此，展馆建筑形式很大程度上决定着最终展示效果的成败。经过几届世博会的学习、观摩，笔者对世博会的建筑形式特点也有了初步的判断：在具有强烈视觉冲击力的展馆建设形式表象下，一定要有本民族传统文化的内涵，同时，节能、环保的技术运营也必不可少。而对于中国馆而言，避免固守以传统造型为前提的中国符号化表达，在提炼中国文化内涵的基础上，采用适应世界建筑潮流的造型，更符合当前与世界融合开放的中国形象。因此，我们在中国馆设计规划招标中，以更开放的姿态，面向全球、全领域进行方案征集，力求得到最佳展示方案。

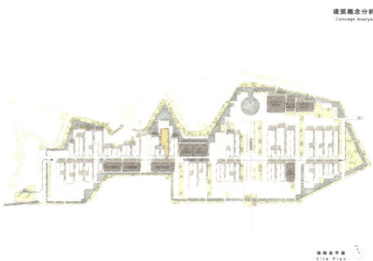

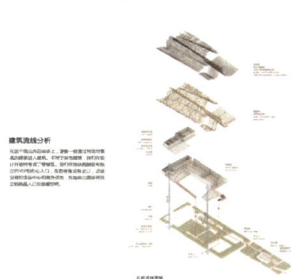

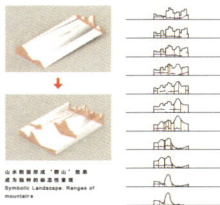

和和　　梦梦

2013年初，经过多轮十几家公司的激烈竞争，清华大学美术学院的方案脱颖而出。为了方案能顺利通过审核，笔者在报告书中强调"…此方案通过提炼中国传统元素，采用现代表现手段，体现了"天人合一"的中国传统哲学智慧，具有超前的设计概念，符合世博会发展趋势…"，虽经过一些波折，但方案最终顺利通过。从意大利世博会的展出效果来看，中国馆成为热门展馆，世博会组委会官方宣传海报中，中国馆独特而富有民族

北部-城市天际线　North-City Profile

South-Natrual Profile
南部—自然天际线

形态生成图解　Form Diagram

中国元素分析
China Element Analyse

结构与材质

结构概念来源于中国传统的"抬梁"式结构。设计上以钢-木组合结构体系，使大跨度公共空间成为可能。屋顶的南端和北端都以一种微妙的方式抬高，表达了中国传统建筑特有的美学。

中国传统木结构由柱和梁组成，通过榫卯连接，具有一定的灵活性。"挑梁"结构是一种由柱支撑的梁和其他柱支撑的体系，允许设计大型公共空间。我们的设计使空间更大，造型更经济优雅，工期更短成为可能。

传统抬梁式结构体系
Traditional raise-beam system

钢结构与木结构
混合结构
Steel-wood structure

特色的建筑形象总是占有一席之地，最终，中国政府自1982年恢复参展后的首次自建馆摘得大模块展馆建筑铜奖，跻身世博会一流展馆设计行列。

　　好的设计需要好的施工来实现，其建筑难度也极具挑战，施工中标方主体北京永一格国际展览有限公司依托其国际团队，克服了新型材料研制、欧盟标准认证、意大利劳工保护等等难题，圆满完成了施工任务，也为该公司走向世界，参与国际竞争树立了良好的口碑。

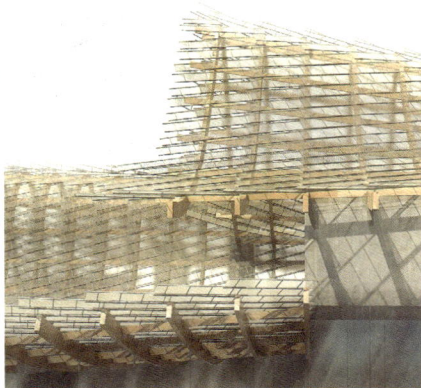

中国传统建筑的特点之一是利用优美的曲线美形成优雅的造型。这种特殊的屋顶设计，使两端以微妙的方式抬高，并利用曲率创造更柔和的视觉效果，被称为"歇山顶"。屋顶的微妙弯曲使建筑生动活泼。

后记

编写这本书的过程中，每每浮现出参与世博会的经历，筹备的开始总是艰难的，获奖的那一刻是兴奋的，回顾总结又能更进一步。

作为设计、施工总监，我的作用就是沟通彼此，发挥桥梁作用，用政府层面的角度与设计团队沟通，让团队理解政策层面的需求，同时，作为设计专业出身的我，非常理解设计团队的创意思想，知道从什么角度和切入点来寻找双方的契合点，以最大程度地保留好的设计思路，引导甲方、乙方甚至丙方（如赞助商、展项提供机构等）按照符合世博会展示发展特点来推动设计落地，以期到达最佳结合点。

万博おばあさん—山田外美代

几届世博会的经历，有成功的喜悦，也有太多的遗憾。曾调研过的日本、德国、法国等几个富有成功经验的国家馆，通过与他们的筹办流程进行交流，从中有几点体会：

第一，这些国家馆均采用广泛招标形式来确定设计、实施团队，其评审机构的组成与我们有一定的区别。评审委员会更多的是行业专家团队，且评审会会充分听取设计团队发表各自设计观点，最终通过激烈竞争，确定设计团队。这里需要提到一点，这些国家对设计这一知识产权的智力投入很重视，设计费用均不会低于国际行业标准，这样也吸引了大批知名设计师和设计事务所参与，应标作品的质量得以保障。米兰世博会万科馆邀请丹尼尔·里伯斯金（Daniel Libeskind）主持设计万科馆，其丰富的建筑语言和对周边环境的考虑确实有独到之处，不愧为世界级的设计创意作品，设计费自然也是按国际顶级设计的标准支付。

第二，设计深化阶段是最艰苦的阶段。设计完善团队的建立是非常重要的，上面提到，在调研中，有某国家馆的设计团队中包括了诗人、文学家、音乐家、科学家，各自从不同角度来对主题诠释提供灵感，这就使得设计团队始终具有艺术氛围，始终都能从容应对跨学科领域应用中出现的问题。

第三，政策指导与设计方案的协调统一。在国家体系中，设计师理所当然的要体现国家馆所赋予的意识形态，这与设计技巧无关，而审核层需要注意的是要理解设计思想，只要把握大局观，保留设计师艺术发挥的激情，就一定能在相互理解中出好作品。

世博会以及奥运会、世界杯三大盛会就像磁石一样，将世界各民族团结在一起，构成真正的地球村。在我看来，由于展期更长，内容更丰富，世博会吸引了更多的人参与其中，也就有更多的亲情、友情、爱情在世博会大家庭中上演，一些人、一些事值得回味一生。

被志愿者们亲切称为"世博奶奶"的日本世博会爱好者山田外美代在1970年参观大阪世博会后，就成为世博会的超级粉丝，每届世博会都是流连忘返，就此创下参观世博会历史的世界纪录。

我们戏谑为"大胡子"的国际展览局秘书长文森特·冈萨雷斯·洛塞泰斯（V.G.Loscertales）对中国有着深厚的感情，上海世博会的成功举办对于他来讲是职业生涯的高峰，在他的带领下，国际展览局大家庭越来越壮大，拉近了各国人们的距离，促进了民族间的感情融合，使世博会真正摆脱国际政治影响，成为促进世界和平发展的重要场所。

回顾历史，世博会的发展促进了人类的交往，科技的不断发展也持续推动世博会展示手段的进步。中国的改革开放使我这一代有幸与世博大家庭亲密接触。作为设计师，世博会的知识烟波浩渺，编写这本书仅是从时间轴的纵向总结了一些成功展馆的案例，提出了自己的一些想法，总结了一些经验，而其中的每一个专业环节其实都能延伸出一项研究课题，我的目的是抛砖引玉，期待

和更多的设计同行一起不断突破自我，学习和借鉴优秀展馆的成功经验，深入挖掘自身优秀文化特点，结合新的技术

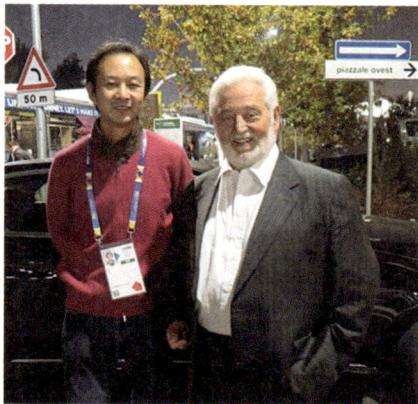

表现形式，设计出具有前瞻性的方案，与国际设计潮流接轨。

编写此书的过程中，意大利中国创新协会和哈萨克斯坦中国贸易促进协会都从不同方面提供了很多有价值的世博会资料，使得本书内容更扎实丰富。此外，感谢世博会设计团队的伙伴王海鹏、陶鸿提供的资料，感谢清华美院老师们的支持。本书中的图片除了笔者拍摄外，还有世博会博物馆原副馆长俞力提供的爱知世博会的图片，以及我的同事张威提供的米兰世博会和阿斯塔纳世博会的摄影作品，视觉中国也提供了大量珍贵图片资料，个别图片无法找到具体拍摄者，属于学术使用，在此一并表示感谢。

特别要感谢北京点意空间展览展示有限公司、北京永一格国际展览有限公司为本书出版提供的支持。

参考文献

www.bie-paris.org

www.expo-museum.cn

www.spaceidea.net

www.bjunique.com.cn

www.exposition-universelles.fr

www.musee-orsay.fr

https://www.archdaily.com

http://archive.org

《Le guide des expositions universelles 1851–1992》.Flammarion，Paris 1992

《EXPO International Expositions 1851–2010》.V&A Publishing，2008

《一切始于世博会》. 上海世博会博物馆，2013

《From Lodon To Astana》. Central Asia Production，2014